做異！選擇不同

成為你想成為的真實自我

視內在、面對問題、告別悲傷，生活的每一步中找到「自己」

即使歲月變遷，世事變幻
真正的你，也絕不會因為這些而改變
找到這個真正的我，將是自我畢生的追求

是選擇「死」在 20 歲，還是選擇永遠「活」下去？
決定權在你 —— 找出真正的自我，成為自己想要的人！

蔣家容 著

目錄

目錄

前言
透露一個祕密：人人皆渴望成為他人

我少年時代最大的夢想，就是成為另外一個人。

這個人可以是電影裡的人物：比如《神隱少女》裡的千尋，我覺得另外一個神隱世界非常有趣；比如《惡靈古堡》裡的女主角愛麗絲，既美麗又充滿了力量。

她也可以是現實中的名人：比如新聞裡的沙特公主，成為她猜想今生今世就不用為錢發愁了吧；比如某個容貌驚人、智慧超群的富二代。

她還可以是我身邊的人：我曾經很羨慕一個女孩，那個女孩擁有一雙琥珀色的眼睛，皮膚皙白，最重要的是，她每天上學，她的爸爸都會開著一輛銀色的轎車把她送到學校門口。成為她，一定會過得很開心，一定會很少憂慮吧。

直到我和她成為朋友，我才發現，原來她也有想成為的人。

後來我有了不少朋友，偶爾我們會談論到想過什麼樣的人生，大家想過的人生除了要有錢這點相同之外，就沒什麼共同點了。

對了，還有一點，就是不要做自己。不要再做自己，最好換個身分，國王歸來。

有時我也會說：「做自己，變得有錢、幸福不是更好？」

前言　透露一個祕密：人人皆渴望成為他人

　　朋友們往往會沉默，然後說：「是很好。不過既然有機會選擇一次人生，我很希望能夠沒有負擔地生活一次。」

　　我也是這麼想的：最好換個身分，重來一次。不要有這個身分所遭遇的問題、麻煩、悲哀和憤怒，也不要有這個身分不好的記憶。不過換個角度想想：如果真的有轉世輪迴這種事，那麼前世的我們是不是也是這麼想的呢？

　　後來我再大些，想成為別人的想法終於淡了。一方面我開始覺得，既然是無法發生的事情，就不要再討論了；還有另一方面的原因：既然每個人都想成為別人，那搞不好，即使我真的成了「別人」，我成為的那個人，還會繼續想成為別人。也許，今生今世的你，已經是前世你想成為的對象。

　　最重要的是，我終於找到了真正的自己。當你想要成為別人時，你並不是真的嫌棄自己，只是你還沒有找到真正意義上的自己。這是我的頓悟：我們不願意成為自己，往往是因為我們只看到了局限的自我。你是否思考過：我究竟是誰？真正的我來到這個世界，是為了什麼？是隨機的偶然，還是已經注定的必然？究竟是什麼使我們忽略了真正的自己？要知道，真正的自己，是不會因為任何事物消逝的。當死亡來臨，會把所有不屬於真正的自我的事物全部帶走，而真正的自我，是永遠不會隨著時間甚至死亡而發生改變的。

　　真正的自我是你從小到大始終存在的意識，是你身體中的內在的真我。西方管它叫「靈魂」，道家叫它「元神」，而我更

願意稱它為「真我」。它始終在我們的身體之中，又超越我們的身體，我們的身體、思想、情感、知識、世界觀一直在改變，而真我卻不會因此而改變。

即使歲月變遷，世事變幻，真正的你，也絕不會因為這些而改變。

找到這個真正的我，將是自我畢生的追求。

真正的我一直存在，但是我們卻常常感受不到它，感受不到來自內心的真正的喜悅和平和。

因為，我們在不知不覺間失去了真正的自我。

我們是如何失落了真正的自我的？

失落自我，從扮演「別人」開始。

我們太習慣扮演別人，扮演任何需要我們扮演的角色，在父母面前，我們扮演好兒女，在老闆面前扮演好員工，在朋友面前扮演好兄弟或好夥伴……

在我們的角色中，有多少是我們自願出演，又有多少是我們被迫出演的？

有多少人是為了別人而活，又有多少人是為了自己而活？

在我們面前有兩個選擇：一個是登上人生的舞臺，根據劇情的需求，隨時戴上面具，根據劇本唱唸做打、喜怒哀樂，從此迷失真正的自我。這是大多數人都會選擇的路。

還有一個選擇：忘記外界、忘記教條，追隨本心，扔下我們的面具和枷鎖，把人生當成一場華麗而艱難的冒險，儘管在

前言　透露一個祕密：人人皆渴望成為他人

　　這條路上時常荊棘滿布，但是我們卻永遠不會因此而停下追求真我的腳步。

　　希望你擁有勇氣，就做不同。

Part1

自我探索：真實的「我」究竟是誰？

第一章

探根究柢：何以平凡且不快樂？

不要畏懼迷茫。迷茫並不可怕，可怕的是無所事事。

如果你總是下定決心然後放棄，「下決心 —— 放棄」成為你的固定思維模式，你就會不斷地依照這個模式生活。

漸漸地，你自己都不會再相信自己。

最重要的，你要做出自己的選擇，而不是依靠本能、習慣，隨波逐流地生活。

●迷茫和憂慮本就是二十幾歲年輕人的生活常態

2015 年春節前夕，妮薇雅放假前的最後一堂課，我宣布：「春節前的課程今天就結束了。我們節後十五再見。回家以後，你們要好好練習專業，有親戚朋友願效勞的找親戚朋友練練手，沒有朋友幫助的，可以用模特兒頭練習。千萬不能懈怠，節後我會驗收。好了，回家吧，和父母好好團聚吧。」

下課後，這些學員們像小燕子回巢一樣嘻嘻哈哈地離開了學校。我一個人在教室裡收拾教具，檢查每個教室的電路和門窗，檢查完之後，我也準備去辦公室收拾東西回家了。

但是，在路過洗手間的時候，我聽到裡面傳來一陣哭聲。

是誰呢？

我仔細辨認著，呵——原來是她。

這時學員們已經都走了，洗手間裡女孩的哭聲特別刺耳。

我本來可以推門進去，安慰她，告訴她這些不算什麼，這些都會過去的。

但是我沒有，我靜靜地站在門口聽了一會兒，然後什麼也沒做就離開了。

回到辦公室，我開始收拾東西，但是我無論如何也平靜不下來。我覺得我應該為她做點什麼。

於是我動手寫了一封信：

親愛的倩倩，今天我在洗手間門口，聽到你在裡面哭泣。

我很想進去安慰你，但是我沒有。人生中有些時刻，是需要自己去經歷和體會的。

獨自一個人在洗手間哭泣，正是其中的一個時刻。

雖然你是我眾多學生中的一個，但是平時除了教導你的專業，我和你並沒有過多的私人交流。

原因只有一個：我真的太忙了。為了事業和妮薇雅的學員們，我這些年始終處於高速運轉狀態，有時候甚至忙到忘記吃飯，忘記睡覺，包括今天，現在已經是晚上8點了，我還有很多事情要處理。

但是現在，我必須抽出時間給你寫這封信。

我寫信給你的目的只有一個：無論你是因為什麼在哭泣，

自我探索：真實的「我」究竟是誰？

　　我都希望你能振作起來。

　　也許對你來說，這段時間非常艱難。如果我沒記錯的話，你是一邊做著兼職，一邊在妮薇雅學習。

　　我知道你的兼職好像不太順利，我也知道你最近正為了以後在哪個城市定居而和男朋友吵架，我還知道你的手機昨天在公車上被偷了。

　　別驚訝 —— 其實你們的點點滴滴，我都記在心裡；你們聊天的時候，雖然我在忙自己的事情，但是也有去聽。

　　種種原因，使得今天上午學期末的髮型考試，你考得一團糟。

　　我叫你到辦公室來，嚴厲地批評你，告訴你如果還做不好髮型，那就不要畢業了。即使你畢業了，也找不到工作。

　　然後我就去忙我自己的事情了，不知道你注意到沒有，我有時候也會很頭痛，但我從來不會讓煩惱的事情多停留一分鐘。直到我聽到你的哭聲，我才責怪起自己來。你才二十多歲，剛剛進入社會，我怎麼能用那麼嚴厲的口氣來批評你呢？

　　所以我決定，用溫和的方式，重新和你談談。

　　首先我要告訴你的是：我知道你感到迷茫，對未來充滿了憂慮，但是迷茫和憂慮，本來就是二十幾歲年輕人的生活常態。

　　我二十出頭的時候是什麼樣呢？

　　我最開始上班的時候，非常不適應，每天都在焦頭爛額中度過。我記得非常清楚的是，一天早晨我早飯也沒吃就趕著去上班，因為前一天晚上熬夜工作，所以在公車上迷迷糊糊的。

　　下車後我才發現把檔案袋弄丟了，裡邊裝著我的身分證和做了三天的數據——那天必須要交的數據。發現檔案袋丟了的那一刻，我幾乎崩潰了。

　　在慌忙之中，我甚至撥了110（那時我多麼幼稚），但110也只是說，會多留意。我失魂落魄地到了公司，向上司作了彙報，但是他覺得我的說法很牽強，認為我在撒謊。我極力地解釋，但上司並不相信我，還訓斥了我一頓。

　　有幾個同事也用幸災樂禍的眼神看著我，甚至有一個同事還特意走過來嘲笑了我幾句。

　　同事的嘲笑，讓我再也承受不了了，於是我跑到洗手間，把自己關在隔間裡痛哭。

　　我哭泣不僅僅因為工作太辛苦。工作雖然辛苦，但是帶來的痛苦畢竟有限。

　　上司和同事的不理解，才是讓我最痛苦的。

　　我相信每個人都有受了委屈而忍不住放聲痛哭的經歷，哭泣的原因有很多種，但是在哭過以後，總是會更成熟。

　　後來某天，我在雜誌上看到一句話：未曾長夜痛哭者，不足以語人生。

　　迷茫和失意是每個二十幾歲的年輕人都會經歷的。

　　迷茫並不可怕，可怕的是無所事事。要持續地努力，哪怕失敗了，也是寶貴的經驗，你會在試錯的過程中，不斷發現新的機遇，認識新的自己。

自我探索：真實的「我」究竟是誰？

　　生命中總是有各種難過和傷痛，讓人失去鬥志想要逃避甚至放棄。但是你要知道，人的成長，人的成熟總是在一次又一次戰勝挫折之後取得的。禍不單行的事情有很多，打敗這種挫折其實很簡單，但我用了十年才明白打敗挫折的訣竅，那就是保持樂觀，繼續前進。

　　我想要告訴你的是，認真地對待你的學習，有了真本事，你在這個世界上才有立足之地。

　　低下頭看看你的雙手，你所能憑藉的，就是這一雙手和你的頭腦。

　　為什麼二十多歲的年輕人會感到特別的迷茫？

　　因為這時的你，第一次開始「自立」。以前你是在父母和學校的保護下長大，當你離開學校，進入社會，世界對你來說不再是個遊樂場，而是個需要付出勞動力才能獲取食物和生存空間的地方。

　　我知道你很羨慕我，很多二十歲出頭的年輕人，都會羨慕周圍年長一些、事業有成、有了很好的經濟基礎的人。

　　但是，年輕人有的是機會，根本不必羨慕別人有房有車，我所擁有的東西，時間會帶給你；而你所擁有的東西，我是無法再擁有的。

　　我對你們的要求一向非常嚴格，有的學員技術不過關，即使他自己再想畢業，我也不會允許他畢業。因為你們來到我的學校，是來學習專業技能的，如果你們離開的時候，沒有帶著

手藝走，那我創辦學校的目的又是什麼呢？

所以，我那樣嚴厲地批評你，其實是希望你能夠在最好的年齡去努力，為未來的生活打下基礎；我對你的嚴格，能夠讓你以後在職場上更有底氣和能力去得到品質更好的生活。

當你成熟起來，你會發現，今天你遇到的辛苦，其實是那麼微不足道。

●20～30歲的選擇，將成為你一生的分水嶺

現代社會最重要的特徵之一，就是分工明確。

想要在生活和事業上獲得自己的立足之地，那麼一定要在某個專業領域有所建樹。

當你到了30～35歲的時候，你的生活和事業已經基本定型，是成為社會中的菁英，還是隨波逐流、碌碌無為，這時會非常清晰。如果你35歲還沒有在某個領域裡立足，那麼基本可以肯定，你這一輩子很難有大發展。

然而，30～35歲的基礎，是在你20～30歲的年齡裡決定的。

對大多數人來說，無論你的出身如何，你的學歷和天賦是超過常人還是普普通通，在20～30歲這個階段，都需要努力奮鬥，選擇好一個專業，然後一頭扎進去。

你在20多歲的時候，如果能夠專注於本職工作，在獲取工作經驗的同時，儲備專業知識、能量和人脈，那麼當你30歲的

時候，你會發現基礎已經打好，你未來的路會平順很多。

所有人在 20 歲時，都不知不覺做出了選擇：是選擇成為一個可靠的人，還是選擇成為一個不可靠的人。

在 20 多歲時選擇放縱自己的人，到了三四十歲，照樣會放縱自己。

當你選擇不可靠的時候，你很難察覺自己正在選擇不可靠，比如應該認真學習的時候，你選擇了玩耍；應該認真完成工作的時候，你選擇了敷衍了事；在能夠花 3 個小時把一件事做到完美無缺的時候，你選擇了花一個小時做得差強人意……

這些小小的一個個的選擇，成就了 30 歲以後的你，而你還茫然不覺。

那麼什麼是可靠？認真、負責、講信用、全力對待自己的工作和生活。

據我觀察，那些在 20 多歲就表現得很可靠的年輕人，他們在 30 歲以後會變得更加穩重、有擔當，能夠獨當一面，並且沉穩豁達。

他們應對生活的技能和思想已經完善，在社會上也取得了一定成就，有了自己的立足之地。他們不再失意，也不再迷茫，未來有清晰的目標，而腳下是堅實的大地。

希望，那就是未來的你。

無論做什麼樣的選擇，任何時候都要努力去掌握自己的命運。

現代社會雖然競爭非常激烈，但是同時非常寬容，允許多

樣化的人生模式。

你可以按部就班地上學、就業、談戀愛、生孩子，每天兩點一線、柴米油鹽醬醋茶，圍繞著父母妻兒打轉，圖個平穩順遂。

你也可以追求自由和挑戰，四處旅行或流浪，獨自面對人生的種種風險，在追求理想的過程中披荊斬棘。

這些都只是人生的選擇之一。選擇每一條路，都有它的利與弊，但是，任何時候，你都應該嘗試去掌握自己的命運，而不是被命運和別人掌握。

如果想過得自由，那麼在 20 歲到 30 歲之間，累積得越多越好。

累積代表你要去努力，卻未必代表你要吃苦。吃苦並不是光榮，如果選擇的方向錯了，吃再多苦也不值得敬佩。

很多人把吃苦當成成就去炫耀，但是吃苦本身並不是成就。吃苦也分有價值和沒價值。

社會非常現實，雞湯到了現實中是行不通的。

有一個真理是：無論你處於社會的哪個階層，無論你是男是女，20 歲以後，你大學畢業後的人生，都是重擔。

每個人都是如此，人生從來不是享受。我們有幸來到這裡，就要披荊斬棘地前行，我們不僅面臨競爭激烈、資源匱乏、金融危機、通貨膨脹……還有階級固化，這意味著階級的上升幾乎變成了不可能。

在生活之前，首先面臨的是生存。

在立足之前，首先面臨的是溫飽。

生存，從來都是逆水行舟，努力一旦停止，就會不斷倒退。

這就是我要說的：人生苦難重重，沒有任何捷徑可走，也沒有什麼建議，可以讓你少受點磨難。

但是，你能做的，就是儘早認清現實。你比同齡人認清得越早，你的籌碼就越多；你比同齡人多付出些，你奔跑的速度就更快一點。

在人生這場殘酷的冒險中，教條毫無用處。

如果讓我回到 20 歲，我最希望的就是，能夠提早明白這些我到了 30 歲才明白的道理。

但是我想，等我到了 40 歲，也許還會希望自己 30 歲的時候明白 40 歲的道理。

可惜這是不可能的。

30 歲的人生道理不可能提前被 20 歲的你知曉，因為能夠教會你的只有時間。時間是我們最好的老師。

人生的殘酷之處在於，它只會不斷向前，永遠不會倒回以前。

每一刻，都是獨一無二的；每一天，都是非常珍貴的。

享受每一天，珍惜每一天。

這輩子要受的苦難，大多數在我們出生的時候就已經注定了。佛說，人生八苦：生、老、病、死、愛別離、怨長久、求

不得、放不下。但是人生的苦難遠遠不止這些。

你出生的年代、所在的家庭、你的父母、你的基因，都決定了你將經歷什麼樣的人生。在決定你的人生的因素裡，年代＞家庭＞父母。

在時代的洪流裡，個人的力量看起來是那麼渺小和微不足道。

比如說，出生在戰爭年代，人生無疑就是 hard（難度）模式，區別是有錢有權人家的孩子是 hard 中的普通難度，而窮人家的孩子則是 hard 中的高難度。

在和平年代，有錢人家的孩子往往是 easy（簡易）模式（如果不幸家道中落，那會變成加倍的 hard 模式），窮人家的孩子毫無疑問是 hard 模式。

我們面臨的大多數問題，都是時代的特質造成的。我們經歷的問題的種類，相當程度上由我們的家庭背景決定。

如果你是個普通人家的孩子，那麼考試的壓力、青春期的焦慮、大學的選擇、就業的前景、客戶的刁難、上司的壓力、房貸和車貸……都將是你無法繞開的問題。

真相是：任何同一階層的同齡人經歷的問題，你基本都會經歷。

即使因為一時的好運躲過了一個問題，也躲不過下一個問題。

即使你提前知曉，也無法改變即將遇到這些問題的命運。

不過，我還是有一個好訊息要告訴你：雖然人生的問題和困難值大致已經固定，但是你可以自行決定如何分配困難值。

　　如果你能把辛苦多分配在廣泛學習（上學和工作後）、獨立思考以及試錯上，少分配在無謂的傷春悲秋、自嘲身世上，那麼人生中也許有些本來會讓你跌個大跟頭、讓你很久都緩不過來的坎，你只需稍微緩緩就爬起來了。

　　請你認真對待你的人生，從認真對待學習、工作、每一個客戶、上司的每個問題開始。

●為什麼有的人注定無法成功：關於失敗的 5 個祕密

　　為什麼有的人注定無法成功？

　　雖然有人把這歸咎於運氣不好或者條件不允許，但是有的人就是注定無法成功。不是因為外界因素，而是因為他自己。

　　失敗也是有祕密的。

無法成功的祕密 1：永遠處於被動狀

　　如果沒有航行目標，往哪個方向航行，都是逆風而行。太多人碌碌無為，隨波逐流地過完了一生，永遠處於被動狀態。

　　小時候他們聽家長的話，被動選擇跟哪個小朋友做朋友，被動選擇上什麼興趣班，被動選擇什麼時候在大人面前表演、什麼時候閉上嘴回到房間學習，被動選擇學文還是學理（沒有第三個選項，除非你的父親是郎朗的父親，否則你永遠不可以

選擇學藝術）、上什麼大學，被動選擇學什麼專業，大學畢業後被動選擇幹什麼工作。

到了自己的工作職位上，他們也被動做事，領導吩咐什麼就做什麼，絕不越雷池一步。

當你總是被動地面對人生的安排，不願意進行任何冒險和挑戰，也不願意努力去尋找機會時，慢慢就會陷入習得性無助的狀態。

生活中最大的壓力常常不是來源於外界，而是源自於我們自身。我們既對現狀感到不安，又不願意付出努力。我們清楚地知道：現在的生活不是我想要的，現在的我不是我嚮往的。但就是不願意付出努力。因為習慣了失敗的現狀，也因為害怕失敗。

而我要告訴你：你唯一的壓力，就是改變自己的壓力。

無法成功的祕密 2：總是在做不喜歡的事情。

心理學中有一條「不值得定律」：不值得做的事情，就不值得做好。

這個定律在人們的生活中很常見，它是如此簡單，以至於它的重要性經常被人們遺忘。不值得定律反映出人們的一種心理，即：一個人從事的工作，如果是他自認為不值得做的事情，他往往也會認為這件事不值得做好，因此會選擇漫不經心、敷衍了事的態度。

例如，如果你在一家大公司，最初做的是打雜跑腿的工

作，你很可能認為這是不值得的，可是一旦你被提升為後勤部門的主任或部門經理，同樣是後勤工作，你會覺得你的工作是有價值的，你會好好去做，願意去做。

如果一件事，你從內心不認同它，你就很難把它做好。

同理，如果你總是做自己不喜歡的事情，就無法從中獲得成就感。

如果你做事的時候，行為和內心的渴望是相斥的，那麼別說把事情做好了，光是和自己內心的渴望抗衡就已經花費了你太大的力氣。

雖然你心裡明白這種狀態毫無益處，但就是看不到努力的方向。

如果你始終處於這種困境中，你有兩個選擇：要麼喜歡上你必須要做的事情，要麼換個自己喜歡的事情去做。

最壞的情況是，你既不喜歡自己做的事情，又沒有勇氣做出任何改變。

無法成功的祕密 3：無法正確評估自己

如果一個人無法正確評估自己的條件和現實，無法把自己的真實情況和現實進行匹配，並且也沒有養成良好的自我觀察和自省的習慣，那麼會很容易陷入兩個極端：要麼過於自負，要麼過於自卑。

當我們輕視他人和現實時，我們會變得自負；當我們輕視

自己誇大他人和現實時，我們會變得自卑。

自負最典型的表現，就是常常為自己制定不切實際的目標。自負的人往往對情況的預估特別樂觀，對自己的能力又特別自信。

但是他的自信，就像絢麗多彩的氣球，輕輕一戳就會「砰」的一聲炸裂。他覺得自己一定能做成某事，但是從來不會審視它的具體細節。他往往不會考慮自己想做的事情的操作流程是否合理，是否真的在自己能力範圍之內。

而自卑的人卻在另外一個極端：因為總是對自己的能力不自信，又過分放大事情的難度，自卑者面臨任何事情，都會下意識地選擇退縮。自卑者已經給自己下了判決：我不行，我做不好。即使他有可能非常擅長某件事，他也不相信自己能夠成功，所以根本不敢去嘗試，於是機會就此錯過。

無法成功的祕密 4：沒有爭取成功的慾望

99％ 的窮人都從未真正下決心成為有錢人，他們只是嘴上說要發財，卻既不相信自己能成功，也不打算做計劃和付出努力。

如果不主動，即使機會來到你身邊，你也抓不住。

使我們平庸的，往往不是環境，而是我們自己。

平庸的人或許經常會把「成功」掛在嘴邊，但是也僅限於嘴邊，他們習慣待在角落裡，不願意被別人注意到，默默等著

成功從空中掉下來的一刻；也可能他們非常渴望成功，但卻認為只需要靜靜地坐著，成功就可以到來，根本沒有盡全力爭取成功的欲望。

我常常聽到別人描述某個成功者非常有氣場。為什麼有的人會顯得比其他人更有氣場？

我們把一個麵包放在桌子上，讓一個非常渴望得到麵包的人和一個對麵包可有可無的人競爭，結果是顯而易見的。誰對目標更加渴望，誰就占據了優勢。一個人如果對目標的態度是可有可無的，那麼怎麼可能有競爭的動力呢？

在合適的時機，將自己的目標或者野心展現出來，它會形成一種氣勢，幫助你成功。對成功的渴望是做事的基礎，順勢而為能夠造成事半功倍的效果。

一個老師為學生們講課，講到了「屠龍之術」，老師說：「古代有一個人，他想學一樣立身的本領。經過反覆思索和篩選，他選了屠龍之術。選拜名師後，他辛苦數年，日夜練習，最後終於練成了屠龍之術。你們覺得故事之後會怎麼發展？」

同學們嘖嘖驚嘆，說：「他一定會成為一個英雄吧？成為屠龍的英雄，然後被世人所崇拜。」

老師卻搖頭說：「不會。他只會潦倒一生，空有一身屠龍術卻無用武之地。因為這個世界上，根本沒有龍。」

掌握了屠龍術的古人，最終也沒有屠到一條龍。他在學習屠龍之術前，也沒有考慮過學成之後，自己該何去何從，好像

他練成了屠龍術，龍就會自動來到他面前，被他屠殺。

我小時候很迷戀這個故事。從未屠過龍的屠龍者，他熱切的夢想和冰冷的現實交織，那無數日夜的努力終究成空。他的精神就像是中國版的唐吉訶德，因為其無稽而顯出勇氣的偉大。

這個故事，越是深想，就越能領會其中的悲壯之處。

因為它對映的，正是平凡的我們：很多時候，我們也和這個從未屠過龍的屠龍者一樣，沒有對事物充分了解，就早早開始了屠龍的美夢。

如果對事物的了解不夠充分，對現狀的預判不夠理智，即使你真的練就了屠龍之術，也會因為沒有龍而白費力氣。

無法成功的祕密 5：沒有切實可行的實施計畫。

我們內心的渴望，只是一個成功的開始。

而實施方案比內心的渴望更加重要。很多人的渴望都非常熱切，但是沒有切實可行的計劃，渴望再熱切也只是徒勞。

如果你慾望強烈，手段卻蒼白，那麼你的目標只會是虛無的口號。

●為什麼我們知道很多道理，卻依然過不好這一生？

韓寒在電影《後會無期》裡說：我們聽過很多道理，卻依然過不好這一生。

你是否也有過這樣的體驗：明明知道應該做什麼，但就是管不住自己。

明明已經下定決心，從今天晚上開始，再也不熬夜，但是往往堅持不了兩天，又開始熬夜。

明明非常有熱情去健身，明明非常渴望擁有健康曼妙的身姿，數次開始健身計劃，但永遠堅持不了一個月。

總是在下定決心，永遠在自我厭惡和自我鞭策中徘徊，「遇見更好的自己」

永遠只是 LINE 簽名上的口號。

它從未成為過現實。

為什麼，明明知道該怎麼做，明明非常想要那麼做，但是卻做不到？

原因 1：太畏懼失敗，索性破罐子破摔

很多時候，我們明明可以成功，但還是失敗了。

因為我們總對自己進行負面暗示：暗示自己「其實你做不到」。

我的朋友 C 就是個非常喜歡對自己進行負面暗示的人。她無論想做什麼，

都會一邊給自己打氣，一邊給自己洩氣，所以看起來很像個精神分裂者。

任何不順心的事，她都有否定的理由。

她否定自己的工作：「沒有價值。」

她否定自己的上司：「什麼也不懂，還獨斷專行。」

她否定自己的客戶：「什麼也不懂，事兒還特別多。」

遇到的所有人和事，C 都能慧眼如炬地發現它們的虛假和孱弱：「毫無價值」「非常一般」「漏洞太多」。

後來，C 的公司對一個非常好的職位進行內部競聘，C 是候選人之一，本來 C 應徵的可能性非常大，和其他幾個競聘者相比，無論是資歷還是能力，她都有相當大的優勢。

但是 C 又退縮了，明明非常想要贏得這個職位，但是卻不自覺地開始自我否定。

「競爭太激烈了……我的戲不大。其他幾個人都很優秀，而且誰知道這個競聘是不是公正的選拔呢？和別人競爭，一向不是我的專長。所以我還是不要抱太大希望為好。希望越大，失望越大啊。」

於是，抱著這樣的想法，C 在競聘的過程中，始終沒有拼全力。

最後毫無疑問，這個職位被一個資歷和能力都稍遜於 C、但是準備充分的同事得到了。

在聽到結果的那一刻，C 竟然如釋重負：我說我贏不了吧，我就知道。

C 向同事祝賀，但是不知道為什麼，心裡酸酸的，非常難受。

C 為什麼會這樣呢？

很多喜歡自我負面暗示的人，往往是因為怯懦。

負面暗示的根本，就是畏懼失敗。

畏懼失敗，所以也畏懼去嘗試；畏懼失敗，所以永遠不肯出全力。

這種邏輯單純到可笑：希望越大，失望越大。如果沒有努力過，那麼失敗了也不會那麼難過吧。

為什麼你如此膽小？

解決方案：學會從正面思考問題。

抱怨以及否定是不受歡迎的，不要做生活中負能量的散發者，可以嘗試著去接受和認可。

從正面去思考問題，能夠找到更多合適的解決辦法，因為從正面思考問題，首先考慮的是：怎麼做才能將問題解決，而不是有什麼原因會阻礙我解決問題。

可以透過外界協助監督，完成行動計劃。比如你每天都無法按時起床，就可以找一些有同樣問題的人，透過定時打卡或者互相監督等方法，來解決這個問題。

原因 2：想得太多，做得太少

現在很流行兩句話，我看過覺得很有趣。

第一句是：你的問題在於，想得太多，讀書太少。

第二句是：你的問題在於，想得太多，做得太少。

這兩句話表達的其實是一個意思。

我學校裡一個學美容課程的學生，在上了一星期課之後找

到我說：「蔣校長，我真的從學校裡學到了很多知識。我發現我以前很多認知都是錯的，這些知識太有用了！我決定開一個粉絲專頁，專門分享這些知識！我要做那種能吸引幾十萬粉絲的網紅！」

我說：「想法很好。但是你自己還沒入門，還是先要把基礎打好，先學好知識再說。」

這個學生信誓旦旦：「沒問題，磨刀不誤砍柴工！我能做到一邊學習，一邊分享。」

幾天之後，我發現這個學生沒來上課。

我連繫她，她說：「哎喲，校長，我在找人幫我做粉絲專頁呢。您放心下節課我一定上。」

我說好吧。然後又過了兩天，這個姑娘找到我，說：「蔣校長，您給我出出主意吧，我覺得粉絲專頁現在是挺好，不過好像聚集人氣太慢了。您說我從護膚部落客開始做起好嗎？」

我有點急了：「你還是先把自己的課程學好，然後攻讀基本的化工知識，你這半吊子的怎麼行呢……」

姑娘點點頭，又風風火火地走了。

過了兩個月，我看她沒動靜了，就問她：「你的護膚部落格呢？」

她說：「那個過時了，我還是先從影片分享做起，放在Youtube上，點擊率也多……」

就這樣，她心不在焉地上完一學期的課，最後什麼也沒做

出來。她的想法太多，心思太散，最後所有想法都泡湯了。

想得太多，做得太少，目標散亂，永遠無法聚焦，只會浪費你的時間。

解決方案：學會聚焦自己的目標將自己的目標。

簡化，才能保證自己的精力專注並找到重點。比如，在新的一年開始，需要制定年度計劃，年度計劃可能會包括很多目標，但是要找到核心目標，核心目標控制在兩到三個，這樣才能對症下藥。上一節課，看一本書，沒有必要將所有內容都記住，只需要將幾個重點記住就能達到想要的效果。

化大為小，行動需要聚焦，強化重複。

化大為小，就是將長遠的目標或者是較大的目標分解為一些小的目標。比如你的年度目標是一年內減肥 20 公斤，將這個大目標進行拆解之後，可能就是每天運動一個小時了。

強化重複，可以將自己的目標寫下來，比如你的年度目標是讀完 100 本書，那麼你可以在讀書的同時多做筆記，將你的讀書過程和心得記錄下來，讓目標可以直觀地看見，比如將你的讀書計劃列印出來，貼到自己的辦公桌前，每天提醒自己。

原因 3：輕易下決心，又輕易放棄

前面我們講過「習得性無助」，當我們反覆接受負面刺激又無力改變時，就會形成習得性無助。習慣性地被動接受事實，習慣性地不去做任何努力。

事實上，放棄並不可怕，失敗也不可怕。

可怕的是，失敗會給你的內心帶來什麼。如果你反覆下定決心，又輕易放棄，漸漸地，「下決心 ── 放棄」就會成為你的固定思維模式，你會不自覺地依照這個模式生活，而不再相信自己。

你從內心深處相信一個事實：你不行。

反覆下決心，然後放棄，只會不斷打擊你的自信。最後你的自信，會隨著一次次的失敗而瓦解。

我的一位女友毛毛身高 160cm，體重卻高達 90 公斤。這麼多年，因為體重，她吃了不少苦，受了不少委屈，也減了很多次肥，但是結果只有一個：越減越肥。

青春期的毛毛體重還好，65 公斤，只是豐滿，但是對這時的孩子來說，這一數字足以成為噩夢。

在又一次受到班裡男同學的嘲笑後，毛毛咬牙說：「我要減肥！」

毛毛採取的方法比較極端，那就是絕食＋跑步。

毛毛還真堅持了幾天，每天早晨毛毛都會提前到學校半個小時，繞操場跑 5 圈，放學後再跑 5 圈。

堅持到了第 5 天，毛毛因為低血糖而暈倒了。心疼死了的毛毛媽帶著毛毛最愛吃的炸雞腿到醫院，吊著葡萄糖的毛毛看到炸雞腿胃口大開。

毛毛第一次減肥宣告失敗，而且這次減肥失敗帶來了可怕

的後果，因為那幾天的「飢寒交迫」，使毛毛迸發了更旺盛的食慾，飯量增加到了以前的幾倍。那些因為長期飢餓毀壞了的基礎代謝，使毛毛越來越胖。

幾個月過去後，毛毛的體重從 65 公斤蹦到了 75 公斤。

進入大學的毛毛也不是不自卑，但是上次減肥的經歷她記憶猶新，不敢輕易減肥，只是喊喊口號。

後來和很多青春少女一樣，毛毛戀愛了，喜歡上一個很帥的男生。

為了愛情，拚了。毛毛又開始減肥。

這次減肥失敗，使毛毛對自己失去了信心。

就這樣，幾次減肥失敗後，毛毛的體重達到了 90 公斤。

90 公斤的毛毛，絕口不提減肥了。因為她再也不信任自己。

解決方案：掌控輕重再行動。

分清事情的輕重，合理地利用自己的時間，四象限時間管理法是一個很好的方法，這個方法非常出名，這裡就不細說了。但是四象限時間管理法有一個前提，那就是你必須對自己的目標十分明確，並且能夠將目標進行排序，否則即使使用這種方法你也同樣一團糟。

其實我們不用讓所有的行動都受計畫支配，我們可以讓行動來帶動計畫。比如之前我們講到的要做粉絲專頁的姑娘，她應該先從認真學習開始，找到適合自己的學習節奏，然後一邊

學習，一邊分享自己的學習心得。

找到學習節奏之後，再制定出一個合理的計畫，這樣就比較容易執行了。

原因 4：僥倖心理，以後再做也不遲

很多時候，我們明明知道自己該做什麼，什麼對我們才是重要的，但是心裡仍然覺得：這雖然重要，但不是什麼十萬火急的事情。所以重要的事情，常常給「緊急的事情」「有趣的事情」「瑣碎的事情」讓位了。

「以後再做也行。」

「明天吧。」

「有空的時候再做吧。」

「等我做完……」

但是人生苦短，哪有那麼多以後可以等呢？

解決方案：學會強化自己的危機意識。

透過危機意識來強化目標，危機意識一方面來源於自己的經歷，比如一個人在經過一場重病之後，就會意識到健康對自己的重要性，從而強化自己健身的目標；另一方面是從他人的經歷中得到的，比如當我們看到別人經歷天災或者意外失去了家人或者生命，就會更加珍惜自己的生命以及親情。

當然，這些危機意識都是被動建立的，想要主動建立危機意識，就需要你明確自己的目標，然後隨時進行關注。比如你

的目標是兩年內賺 50 萬，而經過了一年你才賺了 10 萬，這時你就有了危機意識。無論工作、健康，還其他目標，都是同樣的道理。

原因 5：你從未真正認可自己要做的事情

我們知道很多道理，卻仍然不去做，最終極的原因只有一個：我們內心並不真正認可我們要做的事情。

道理知道得再多，也只是「知道」，並沒有真正納入我們的價值觀。

即使 C 知道總是進行負面思考、消極地看待一切事物不好，她仍然改不了。因為她內心深處認為：比起客觀看待事物，消極地批判更能讓自己開心。

毛毛也知道減肥十分重要，但是她卻從未真正把它當成人生的重要目標，只是在每次受到刺激的時候，才衝動性地減肥。一鼓作氣，卻難以持久。

即使我們知道有的事情對我們來說很重要，我們依然做不到。因為在我們的價值體系裡，此時此刻永遠有比它更重要的事情。於是重要的事情就被無限期延後了。

對想做大事卻又無限拖延的人來說，此時此刻永遠有比做大事更重要的事情。

對想要減肥卻又屢次失敗的人來說，滿足此刻的食慾比自己的計劃更重要。

對想要戒酒卻又成功不了的人來說，和朋友一起飲酒時的歡愉比戒酒更重要。

我們內心的價值認可，才是我們想做卻又做不到的真正原因，它促使我們做出自己的判斷和行動。

如果發自內心地認可自己要做的事情，那麼即使遇到再多困難，你也只會把它當成必須要繞過的障礙，當成自己前進路上的陪練。

最重要的是，真正接納並認可你所做的事。

從榜樣身上尋找力量：你可以觀察自己周圍的同事、朋友，或者前輩，看他們是如何不斷努力，最後達成自己的目標的，從而找到自己的精神動力。

將一件事情的利益點分析清楚：做成某件事情自己能夠從中獲得什麼好處，比如如果自己一週之內完成了一項工作，那麼月底就能獲得一大筆獎金；比如你每天堅持鍛鍊，就能夠獲得一個健康的身體，疾病就會遠離自己……讓一件事情的利益點成為自己行動的動力。

選擇你所喜愛的：因為喜愛，所以執行起來就比較容易。

與自己的內心對話：詢問自己的內心，我真正想要的是什麼，我生存的意義是為了什麼，我人生的目標究竟是什麼。

透過這種對話找到自己內在的力量來支持自己的行為。

從知道到付諸行動，這是一場戰役，是你同自己的戰役，當你戰勝自己時，才能取得最後的成功。

●比失敗更可怕的，是失去對人生的控制

有個學生，一大早來找我要求退學。看到她我有點驚訝，因為這個學生平時是非常可愛也非常有活力的一個女孩，看起來無憂無慮的。但是此時的她雙眼通紅，臉色發黃，看起來特別憔悴。

她說：「蔣老師，對不起，我得退學了，我不能在這裡繼續上了。」

我問她：「為什麼退學啊？你不是學得很好嗎？還有一個月就能結課了。」

她說：「我爸爸讓我退學，讓我回家跟叔叔去工廠做工。」

我以為她叔叔是工廠的管理者，那麼這也確實是一個不錯的選擇。有親人在身邊照顧，對有的人來說，比獨自一個人在外漂泊要好得多。

於是我理解地點點頭說：「那跟著你叔叔也是挺好的。」

她聽了我的話，飛快地抬起頭看了我一眼說：「不好，我叔叔也是打工的。在那個工廠賺不了多少錢，一個月2萬元，雖然包吃住，但是一個月只休息四天，特別累。」

我說：「那你為什麼要去呢？留在這裡繼續念啊，還有一個月就結課了，畢業以後你可以做個美容師啊。」

她說：「我爸爸不會同意的。」

我默然無語，雖然有心勸她堅持自己的想法，但這畢竟是別人的家事，而且我摸不清她的態度。

她抽抽噎噎地哭起來：「蔣校長我不想退學，我在這裡學得挺好的。而且那個工廠一點也不好，我爸爸非要我去，說我不去就永遠別回家了……」

我想跟她說，一般父母跟你說「永遠別回家了」，只是強迫你就範的手段，並不是真的讓你永遠別回家了。

但是很多人，就屈服於這樣的手段。

那天上午我沒有上課，聽這個可憐的女孩絮絮叨叨地講了一上午她的童年故事，她的初戀，還有她的願望和嚮往。

「一開始我想學好了去大城市發展，我準備投奔我的朋友。我想我還是能找到工作的，但是我爸爸不允許……」

「我小時候畫畫畫得很好，老師說我可以試試考藝校。但是我爸爸說，我學習成績也不靈，上個正經大學還可以讓我上，考什麼藝校，出來不知道幹嘛，然後我高中畢業就沒上了……」

「在家我爸爸說一不二，而且特別玻璃心，稍微一句話說得不對，他就讓我滾出去，說我沒良心、白眼狼！」

我聽了這麼多的「我爸爸」著實有點頭暈，於是我試著對她說：「你已經 24 歲了，你可以試著自己做決定。可以離開家一段時間，上完這一個月，去大城市找工作，這一個月我不收你學費，你拿著學費可以找到落腳的地方，找到你喜歡的工作，然後再連繫家裡——」

我還沒說完，她就恐懼地打斷了我：「蔣老師，我不行。你不知道我爸爸那個人，真的不行。」

然後她又開始對我傾訴這些年她受的苦。

我很想說，最後我說服了她，讓她上完了學，拿著最後一個月的學費在大城市找到了自己喜歡的工作，找到了自己喜歡的生活方式，她開始學會自立，而不是在父母的操控下生活。

但是現實就是現實，沒有那麼多雞湯，她還是退學回到父母的管控下了。

其中數次，我試圖讓她看到她生活的另外一種可能，都被她忙不迭地打斷了：「我沒辦法脫離爸爸媽媽」、「我怕我爸」、「我做不到」，最後又變成了她單方面地訴苦。

最後我明白了，她並不需要幫助，她已經習慣了這樣的生活狀態。

在那天上午之後，我請她吃了一頓飯，給她辦了退學手續，她戀戀不捨地離開了學校。

走之前我看到她哭了，我想那個淚水是真心的，並不只是為了離開學校，還為了自己習慣性屈從於父母的行為狀態。

她的表現，正是心理學中最典型的「習得性無助」狀態。

習得性無助：努力是沒有用的。

1965 年，科學家馬丁・賽里格曼（Martin Seligman）決定做一個和「巴夫洛夫的狗」截然相反的實驗。

「巴夫洛夫的狗」是我們耳熟能詳的著名實驗，就是每次在給狗餵食物之前都搖鈴鐺，建立了鈴鐺 —— 食物的關聯，使得狗只要一聽到鈴鐺聲就會條件反射地分泌唾液。

而馬丁進行的實驗則更為殘酷，這次他把搖鈴的機制和電擊連繫在了一起，每次開啟蜂鳴器都會對狗進行電擊，馬丁把狗拘禁在一個大籠子裡，使狗無法逃脫，透過蜂鳴器 —— 電擊模式，使得狗建立條件反射。

只要蜂鳴器響起，狗就會嚇得渾身抽搐，甚至屎尿齊流，倒地不起。因為始終無法逃離籠子，所以狗的掙扎力度逐漸降低。

過了一段時間，馬丁把狗移入了一個新籠子，這次中間有一個低矮的柵欄，只要狗稍微努力，就能越過柵欄，避免被電擊。

實驗設想的是：既然建立了蜂鳴器 —— 電擊模式，那麼狗聽到蜂鳴器聲，應該會恐懼地逃跑，越過柵欄。

但是實驗進行時，馬丁先開啟蜂鳴器，狗卻毫無逃跑的意願，只是絕望地倒地，等待被電擊。

於是馬丁開啟了電擊，狗仍然不逃跑，被動地承認自己被電擊的命運。

狗的這種經過反覆嘗試、仍然失敗、最終導致絕望的行為和心理模式，叫做「習得性無助」。

反覆對動物施加它無法逃避的電擊的痛苦，會使動物產生嚴重的絕望和無助情緒。在實驗的一開始，狗還有反抗和逃跑的欲望，隨著怎麼反抗都沒有效果，痛苦刺激的不斷加深，狗最終完全放棄任何嘗試。

當馬丁把從未受過電擊的狗放進籠子裡，開啟電擊時，這隻沒有被電擊過的狗很輕易地越過柵欄逃跑了。

馬丁透過整理實驗結果，最終得出結論：

「當一隻從未受過電擊實驗的正常狗在箱子裡受到電擊時，它的行為模式是：剛剛遭受電擊，就立刻狂奔，同時伴隨著驚恐的叫聲以及屎尿齊流，最終爬過障礙；數次這樣實驗，狗越過障礙的速度會越來越快，直到足以在電擊開始前逃脫。下一步，把狗拴住，使得它在遭受電擊時無法賺脫，在狗被重新放回可以逃脫的穿梭障礙箱時……它會無助地等待電擊結束。」

不止狗如此，我們人類也是。這是一種糟糕的循環，在我們很多人的身上都能看見。

如果在我們的人生經歷中，曾反覆努力嘗試某事，但是仍然失敗，或者曾經遭受過重大挫折，這些對我們的心靈會造成毀滅性的打擊，會在我們的內心中根植一種暗示：努力是沒有用的，抗爭也是沒有用的。有了這種暗示，我們就不再努力、不再嘗試，也不再抗爭，因為曾經多次的失敗經驗，在我們看來已經證明了再努力也沒有用。

而嘗試之後的失敗只會帶來新的痛苦，還不如不嘗試。這種感覺叫做無助。

當無助的感覺反覆出現時，我們會意識到：也許我們無處可逃，這就是我們的命運。

這時我們已經陷入了習得性無助，即使外界給予我們逃離的機會，我們也失去了逃離的意願和勇氣。

「我不行。」

「我做不了。」

「我是不行的。」

「他們可以，但是我不行。」

和普通人的區別是，普通人會把失敗歸咎於外界：「客戶是混蛋」、「我今天沒休息好」、「老闆的要求太高了」，而習得性無助症候群，會把失敗歸咎於自己：「我不行」、「我沒辦法」、「我就是做不到」、「我是笨蛋」、「我就是不如別人」。

● 最讓我們害怕的，是失去對自己人生的控制感

我 10 歲時的一次騎車經歷給我上了重要的一課。當時我剛學會騎腳踏車，新鮮感讓我整天騎著車到處蹓躂。在我的學校附近有一個斜坡，斜坡下方是一個急轉彎。一天早上，我騎著腳踏車衝上斜坡，到達斜坡頂端後停了下來，然後從坡頂以很快的速度衝下去，那種飛速前進的感覺讓我很開心。然而下坡結束的地方就有轉彎，但這時如果，剎車將速度降下來我會覺得不盡興，於是我下決心絕不減速，到轉彎的地方直接拐過去。

最後的結果顯而易見，在我決定不減速的幾秒鐘之後，我便躺在了路邊的草叢裡，身上被雜草劃傷了好幾道，新腳踏車也撞到了樹上，整個車身都變形了。

那是我第一次感受到，失去自我平衡所帶來的痛苦和無法控制人生的恐懼。

為什麼有那麼多人怕鬼？

鬼代表的是未知，那麼未知又為什麼令我們如此恐懼？

因為未知代表的是失去控制感，任何我們從未經歷過的事物都會讓我們感到恐懼，它使我們失去了對自己生活狀態的掌控。

這種失控感才是最重要的，失控感使我們覺得無法掌控自己的人生。

這是最可怕的無助。

●如何跳出習得性無助的循環

習得性無助被關注，更多是因為那些「明顯」遭受過虐待的人，比如遭受家庭暴力的婦女、被綁架的人質、受虐待的兒童等。

人們很難理解，為什麼遭受家庭暴力的婦女就是不反抗，事實上，她們之中絕大多數人在剛剛遭受到暴力的時候反抗過，只是反抗之後往往遭到了更嚴重的暴力。所以她們乾脆放棄嘗試了。

即使這些人離開了折磨他們的客觀環境，要恢復正常的生活也不是件簡單的事情。因為內心已經千瘡百孔，而行為模式已經形成，她們不願意做出任何可能會失敗的嘗試。

那麼，如何擺脫習得性無助呢？

做那些力所能及的、你能改變的事情。

任何時候，失去對自己人生的控制感，都會引起習得性無助，導致萬念俱灰。

1976 年，心理學家在一家療養院進行實驗。

結果表明，療養院本身就是個強調服從，病人始終採取被動姿態的地方。不過病人常常會提出一些額外的要求，比如想把自己在病房中的床挪個位置，或者想在禮拜三晚上看一個非電視單中的節目。

如果療養院對病人的這些想法予以反對：病人失去了對自己生活的控制感，他們的幸福感就會急遽下降，隨之下降的還有病人的健康狀況。如果長期嚴苛地對待他們，還會引起病人的階段性暴動。

如果療養院允許病人擁有一定的選擇權，那麼病人的幸福感就會大幅度提高，同時變好的也包括他們的身體。

僅僅是允許病人選擇自己喜歡的電視節目，允許他們搬動自己的床，就會使他們感到幸福。

這個案例給我們的提示是：僅僅是擁有小小的選擇權和改變權，就能全面改變你的生活。

從現在開始，學會選擇和改變自己的生活，哪怕是從非常小的事情開始。

我建議你做出一些積極的改變：

搬動屋子裡的家具，改變家具的位置；

小小裝修下房子（類似於自己刷牆，選擇自己喜歡的油漆顏色，可以帶來很大的成就感 —— 我向你保證）；

扔掉那些捨不得扔掉，但是很久都沒有用過的東西；

對自己不喜歡的事情說「不」。

不敢說「不」會加重你的習得性無助。

很多人的習得性無助，是從無法說「不」開始的。不敢說「不」，不好意思說「不」，開始的一次次不情願的妥協，只會使你情緒失控。

過去的你，即使再不高興，也只會說「好的」，那麼現在可以開始說「不」了。

就一個字：不。

當你真的說出口，你會發現這並沒有那麼難。但是你卻因此重新獲得了對自我的控制感。

你要做出小小的反擊，如果失敗了，你也要告訴自己：「雖敗猶榮。下次我會更努力，或者選擇更聰明的方式。」

從細節開始重新掌控自己的生活。從細節開始嘗試，告訴自己：每一次失敗，僅僅代表這一次失敗了。

沒有任何失敗能夠決定你今後人生的勝負。

把自己的成功寫在小本子上，每天都要寫，做完一件事就立刻寫上，哪怕是「今天成功地打通了一個以前我不想打的電話」。

　　每一筆都記錄著你的成功，隨著本子上寫過字的頁數逐漸增加，你的習得性無助也在漸漸走遠。

　　最重要的是你要做出自己的選擇，而不是依靠本能、習慣，隨波逐流地生活。

　　做出選擇，哪怕是極小的選擇，也能夠抵禦習得性無助對你的摧殘。

　　也許你沒有那麼堅強，但是你也沒有那麼脆弱。

　　你並不特別脆弱，就像你並不特別無能一樣。所以，不要輕易地屈服。

第二章

拋棄虛幻：照鏡子、擺脫影子、斷開枷鎖

我們每天環顧四周，看到的並不是真實、完整的世界，而是我們選擇看到的、選擇相信的世界。

鏡子、複製品和奴隸，都是我們為自己製造的幻象。

●你是他人的鏡子

2007 年 3 月，我獨自走在午夜 11 點的街頭，天空下起了毛毛細雨。

手機在兜裡，已經關機。關機之前家裡人打了幾個電話，我草草回了一句：「一會兒就回家。」然後就掛掉了。

只有經歷過的人才明白，有些時刻只想自己獨處。

心情糟透了。

雨雖然小，但是非常涼，慢慢地沁入我的髮絲、臉頰。它讓我身上厚重的冬衣顯得更加沉重、冰冷，像鎧甲。

我豎起領子，慢慢地走著。

我正在猶豫要不要開始第三次創業。

前兩次創業都不算成功，所以這次我身上的擔子顯得特別沉重。

一個我——她是我人格中渴望安定、循規蹈矩的那部分——在我耳邊悄悄說：「為什麼非要創業呢？你手上還有不少錢，把那些錢存起來，老老實實找個工作吧。為什麼你不能像別人一樣？」

這句「為什麼你不能像別人一樣」把我的心神帶走了。我也常常從別人那裡聽到這句問話：為什麼你不能像別人一樣？為什麼你不能像別人一樣踏踏實實、普普通通、聽話、穩定？

「像別人一樣」後面可以跟著任何形容詞和動詞，但是沒有一個是可以用來形容你的。

此時，我內心深處的另外一個我有點急了，她是我性格中最驕傲、最勇敢、最不服輸的那部分，她大聲在我耳邊說：「你幹嘛非要像別人一樣？」

她急躁地說：「前怕狼後怕虎的，就算這次再失敗，大不了以後不創業就是了！」

我想：她想得太簡單了。沒有那麼簡單。

假如你前進——那可是沒有退路的啊。

我默默地對自己說。

我是如此渴望安定，不再漂泊。創業路上的每一天，固然有喜悅和成功，也常常伴隨著憂心和失望。

我不能欺騙自己，這是甜蜜的充滿成就感的一往無前的旅程。

其實，我創業後，幾乎一直在風風雨雨中前行，唯一的區別是：有時是黑夜，有時是白天；有時有傘，有時則沒有。

那些沒有傘的漆黑的風雨夜我是如何度過的呢？

像現在一樣，裹緊衣服，低下頭，然後忍耐著前行。

那個驕傲的我說：所以，你到底在怕什麼呢？

我怕的不是自己，而是別人：如果這次失敗，我很難想像自己將如何面對家人失望的眼神。他們會怎麼看我呢？

我小時候就聽過一句話：一人無能，全家受罪。

第一次聽到這句話，我可是一笑置之的。怎麼可能一個人沒本事，全家都受罪呢？難道全家靠一個人吃飯嗎？

我長大後，對這句話有了新的認知：它講的是，人身上擔負的是責任。人可不是完全為了自己活著，還有家人；人需要負責的不僅僅是自己，還有自己的家庭。

如果一個人承擔不好自己的責任，那麼他身上的責任就要轉移到他身邊的人身上。

及至我開始創業，我才更深刻地意識到：原來創業真不是我一個人的事情，還需要家裡人的支持和奔走，需要家裡人掏錢。需要我的丈夫拿出他的存款，那是他多年的積蓄；需要我的父母拿出壓箱底的錢，那是他們用來養老的。我雖有不忍，但是卻無法拒絕，因為我需要他們支持我的事業，也需要他們理解我因為創業而產生的各方面的問題。

如果因為我沒本事，導致創業失敗，那可真是全家受罪啊。我想了想那個畫面，我的父母一定會強忍著失望，安慰我。

而我的丈夫呢，一方面，他可能不會責怪我，但是他一定

會說：這次就算了，勝敗乃兵家常事。創業哪有那麼容易呢，還是踏踏實實找個工作吧。

我被這情景嚇得畏縮了。

還有朋友們、夥伴們和客戶們……其中有一些人，其實是不支持我創業的。我想，假如我失敗了，他們會怎麼說？

我的腦海中各種想法互相衝突。

我忽然發現，原來我最大的壓力來源，並不是「失敗」，而是「失敗」之後「別人」會怎麼說。

那一刻，失敗後如何面對他人的壓力，超過了失敗本身的壓力。

為什麼我們要透過他人的眼光來評定自己？

這個發現讓我既吃驚又迷惑：所以我是為了別人而活嗎？為什麼我要用別人的眼光來評定自己？

一直以來，我都認為我是個非常勇敢、有魄力的人，我的家人和朋友也這麼看待我，但是直到那天晚上，我才第一次意識到，原來我並不特殊，我也那麼在乎別人的看法。

我對別人看法的重視程度，甚至在不知不覺間超過了我對自己想法的重視程度。

你是不是也和我一樣呢？我們透過他人的眼光來評定自己，每個重大決策都要考慮他人。

人是一種社會化的動物，人類比任何動物都更在乎自己在同類中的形象。

當內在的自我缺乏力量和自信時，我們就會轉向外界，去尋求認可，來確認自己的存在。

● 你是自己的複製品

雖然，每個人都可以說：我已經成長到了 20 歲，30 歲，50 歲……但是辯證地看，只是年齡到了那個歲數。

成長是個非常複雜艱難的過程，它包含了對自我的超越，對過去的自我的反覆否定和審視，對未來的反覆設問，對命運的抗爭和順應……

雖然身體會漸漸成熟老化，但成長卻未必隨之停止。很多人只是年華老去，但是成長卻不會停止。

羅曼・羅蘭（Romain Rolland）說：「大部分人在二三十歲就死去了，因為過了這個年齡，他們只是自己的影子，此後的餘生則是在模仿自己中度過，日復一日，更機械，更裝腔作勢地重複他們在有生之年的所作所為，所思所想，所愛所恨。」

這段話的意思是：很多人在二三十歲的時候就不再成長了，他們像是行屍走肉，又像是自己的複製品。他們在二三十歲的時候就提前衰老步入死亡，今後的幾十年，他們不再有追求，也不再冒險，一天比一天衰老，每天都是前一天的重複。

我想這是很多人的真實寫照。

那些「二十多歲」就「死了」的人，就是那些二十多歲就喪失了人生目標的人。很多人年紀輕輕就過著麻木的生活，每

天隨波逐流、渾渾噩噩，只有情緒，沒有思想，像機器一樣過著千篇一律的生活。

他們的生活，就是「一眼就可以看到盡頭的生活」。

而那些沒有「死去」的人，他們有自己的思想和追求，有對生活的無盡熱情。他們不斷為著自己的願望努力，他們知道自己要什麼，並且知道如何做才能更接近自己的願望。

雖然年紀不斷老去，但是每到一個新的年齡段，他們都會有新的目標。他們從來不會說「現在做……已經太晚了」，也不會說「可惜當時沒有……」，只要他們想做，他們就會去做。

最近有一則新聞非常火爆，內容是：「105 歲學霸爺爺去大學旁聽，打算考博士」。

有位老人，74 歲的時候開始獨自旅行，去過英國、法國、德國，他在 87 歲的時候陪伴孫子考大學，91 歲的時候從空中大學文化藝術系畢業，98 歲那年，他又取得了碩士學位。

在他求學期間，從未遲到早退。如今他已經 105 歲，最近他到清華大學旁聽，準備考取博士學位！

看到這則新聞，我想他是我們最好的榜樣。

當很多年輕人活得像個老年人的時候，很多老年人突破了年齡的限制，跨越了時間的桎梏，沒有任何力量可以阻止他們做自己。

世俗的很多觀念，如「在什麼年齡做什麼事情」「人要服老」「來不及了」……對有的人來說，都是虛無軟弱的口號。

是選擇「死」在 20 歲，還是選擇永遠「活」下去？

決定權在你。

● 我們在不知不覺間成了自己情緒和想法的奴隸

我們花了多少時間在擔憂上？

我發現，年紀越大，我們花在擔憂上的時間就越多，所以才會有「少年不識愁滋味」的說法。

不過，總體來說，擔憂的內容分為兩大類：

第 1 類：因為準備不足而擔憂

這一類擔憂常常是很具體的壓力，比如考試、面試、工作彙報、手中的某項重要工作……我們擔心的往往是自己會把它搞砸。

這一類擔憂的本質是：你沒有做好充分的準備，所以對結果也缺乏自信。

這時的擔憂是一點用也沒有的，想再多也不會讓你的準備變得更好，唯有實際行動才能對它產生影響。

無論是缺乏經驗，還是能力不足，充分的準備都能夠增加它成功的機會。

這時，最好的方法就是停止憂慮，馬上行動！

第 2 類：為了無法改變的事情擔憂

這個世界上有很多我們無法改變的事情，比如我們無法改變自己的出身，無法改變自己的年齡，無法改變自己天生的生

理缺陷，也無法改變世界的執行規律。

　　我們也無法改變別人對自己的看法，無論你變得多好，總會有人不喜歡你。無論你付出什麼樣的努力，多麼努力去證明自己或者討好他人，不喜歡你的人就是不喜歡。並非你不夠好，只是你們正好氣場相斥。

　　為無法改變的事情擔憂，相當於在一場賽跑中，所有人都在賽道上向前跑，而你卻企圖在身下的賽道鑽出個洞來。

　　「緣木求魚」就是這個意思。如果無法改變，那為什麼還要擔憂？

　　讓它去吧。

　　我們又花費了多少時間在怨天尤人上？

　　再也沒有比怨天尤人更簡單的事情了，推卸責任、責怪他人幾乎是我們的本能。

　　考試成績不好，我們怪老師不會教；上不了好大學，我們責怪沒有良好的環境、出身不夠好；找不到工作，我們責怪大學教育失敗；跑步跑不快，我們怪跑道不是塑膠；唱歌唱不好，我們怪歌曲太難；上班遲到，我們會責怪交通，責怪這個城市太堵；彙報失敗，我們怪環境不好、音響不好；戀愛失敗，我們責怪對方不懂得為自己著想……

　　我們從來不會怪自己不夠努力、不夠冷靜、不夠睿智、不夠勤奮、不夠充分準備、不夠為他人著想……

　　總之，一切都是別人的錯。我們輕易地就能指出別人在這

件事上有什麼責任，在那件事上做得哪裡不好，卻忘記了：你的人生，你的問題，只是你一個人的責任。

即使有時真的是別人的錯，你責怪別人，別人也不會因為你的責怪受到半點傷害，或者做出絲毫改變。

每個人的不幸都比別人想像得要多。

雖然每個人都有不幸的經歷，但是那又如何呢？你在路邊隨便拉住一個 40 歲以上的大叔大嬸，詢問他們的過去，恐怕誰都可以說上三天三夜。

為什麼偏偏就你抓住過去的不幸不放手呢？

因為過去的不幸有時是我們的擋箭牌：因為我過去過得很不開心，所以我現在消沉點也是理所當然的。

因為我過去沒有得到父母很好的愛，所以我現在自私點、不會愛人也是理所當然的。

過去，往往成了我們不再成長的藉口。

記住，你永遠都有選擇。

永遠都有，任何時候選擇都不算晚。

有時，選擇並不容易，選擇意味著承擔失敗的風險，意味著背負起更大的責任，還意味著付出、妥協和放棄。因為機會成本的存在，我們每做一種選擇，就承受了失去另外一種選擇的成本。

但是，如果不選擇，我們就什麼也得不到。

我很喜歡一句廣東話，叫做「食得鹹魚抵得渴」，成年人就

是要能夠承受各式各樣的代價。

如果搞砸了，從中汲取經驗，下一次試著做得更好。

我們花費了太多時間和煩惱抗爭。

在我 30 年的人生經驗中，絕大多數煩惱和痛苦都是會過去的。

之所以它能夠在你身上發揮比它應有的力量更大的影響，能夠長時間地折磨你，就是因為：你費了太多力氣和時間去想它們、解決它們、和它們抗爭，你花了太多時間在怨天尤人上。

痛苦的力量始終是在減弱的。它能持久地傷害你，是因為你允許它這樣做。

真正的自由是把快樂建立在自己身上

如果你為某個人或某件事感到痛苦，也許正說明你在把自己的快樂建立在他人或者它事上，這時你的快樂永遠是需要外在條件的。

如果不需要任何外在條件，你的快樂只是自身的快樂，既不因為某個人，也不因為某件事，這時才是真正的自由。

不再把幻像當成自我。

成見從何而來？

我們的大腦，每秒要處理的資訊是四千億位（bit），而我們能夠意識到的，不過是其中兩千位的資訊。大腦的特性決定了我們會有選擇地處理和看待事物，有選擇地從什麼角度去體驗世界。

我們如何進行選擇，受到我們自身條件 —— 你從小到大被灌輸的觀念、標準和價值觀 —— 的制約。

　　所以，同樣的一件事，在不同的人眼裡會有不同的演繹。

　　我們每天環顧四周，看到的並不是真實、完整的世界，而是我們選擇看到的、選擇相信的世界。

　　這就是我們價值觀和成見的由來，大腦會自動排除掉那些不符合它的觀念的資訊。

　　同樣，我們看到的自己，也是自己篩選出來的自我。

　　鏡子、複製品和奴隸，都是我們為自己製造的幻象，都不是真實的自我。

第三章
自我覺醒：認識真正的「我」

古希臘神廟入口有一句非常著名的話：認識你自己！

認識自我，其實是每個人的終身課程。

●自我審視，才能獲得超越

自我審視能夠讓我們的心靈和眼睛進行交流，這就是它的價值所在。心靈和眼睛的交流能夠讓我們了解自己的心態和實際擁有的能力，再經過大腦的思考後制定出切實可行的行動計畫，這樣才能得到事半功倍的效果。

自我審視是一種超越自我的方法，透過這種方法能夠不斷修正自身的缺點，提高自己的綜合能力，避免因為對自身能力判斷錯誤而失敗，也可以避免錯過屬於自己的機會，進而將自己所擁有的能量釋放出來。一個會自我審視的人，他所擁有的氣場應該是質樸厚實的，並且能夠收放自如。他不會像華爾街的無知投機者那樣賠光自己的一切，也不會像紐約州政府的法律顧問那樣面對囂張的犯罪分子只會坐在椅子上發呆。

自我探索：真實的「我」究竟是誰？

一位老師在課堂上向他的學生提問：「有個人想燒壺開水，在他將火點燃之後才發現自己的柴並不夠將一壺水燒開，這時應該怎麼辦？」

有人說趕緊出去砍柴，有人說應該出去買。

老師沒有評判這些答案是否正確，而是說：「為什麼不考慮將壺中的水倒掉一些呢？」

能做到什麼事需要由自己的實際能力決定，這點對於成功有非常重要的意義。與其在原地進行不切實際的幻想，不如根據自己的實際能力降低目標。

很多時候只需要向後退一步就會獲得成功，但很多人卻看不到這一點，只是拚命地向前衝，卻始終到不了終點。向後退一步的人尋找到了去終點的另一條道路，而拚命向前擠的人不得不在中途停下來，望著終點哀嘆。

能夠向後退一步的人會不斷審視自己，在前進道路上有一隻眼睛一直是看向自己的，而只會一味向前衝的人我們能給的評價只能是「勇氣可嘉」。

一個能夠正確審視自我的人，總能給自己找到適合的目標，將自己的能力最大化地使用出來，他們做事情的效率非常高，絕不會無功而返，平庸和愚蠢這樣的詞語和他們的生活從來沒有交集。

自我審視是一個尋找自己內心痼疾的過程，也是對自身優點以及劣勢全面檢查的一個過程。同時，自我審視還能夠觸及

我們心靈深處，將隱藏在我們心裡的無知自大以及懦弱虛假等拋棄。

能夠讓我們從激烈的競爭中脫穎而出的只有我們自己，不要因為感覺命運不順就怨天尤人，當你學會審視自己時就會從不同角度看待問題，對自我的理解也將有新的認識，這時，你會發現這個世界將成為一個條理分明、方向清晰的世界。

想要清晰地審視自我，評估自我，可以從下面幾個問題開始。

我最大的優勢在哪裡？——了解自己所擁有的能力，學會給自己評分。透過理性的分析思考，將自己的潛力發掘出來。學會審視自我這是第一個步驟，透過分析就能夠解決「我能夠做哪些事情」的問題。

我擁有哪些知識和技能？——專業知識、個人特長、工作技能等等，這些都有可能影響到你前進的方向。

我做過什麼事情？——人生經歷和工作經驗都會讓我們從中發現自己的優勢以及缺點。這些是非常寶貴的人生財富，對你今後的發展起著至關重要的作用，個人的素質、潛力以及未來發展空間的大小都受其影響。

我最擅長的事是什麼？——在成長的道路上你會做很多事情，但你最擅長做的事情是什麼呢？有沒有成功的案例？你是如何將這件事情做成功的？成功是偶然的還是必然的？透過這些分析，你可以從中發現自己的優勢，比如勇敢、堅強、具有領導能力等等。

我的不足之處又在哪裡？ —— 每個人都有弱點，比如沒有自律性，缺乏創造力，思維方式固化等。對於自己的弱點要學會正視，盡量讓這些弱點對自己的影響最小化。

客觀看待自己是一種稀有品質。

人貴有自知之明，沒辦法審視自我的人很難在某個領域有所建樹。

亞里斯多德說：「了解自己是一件非常困難的事情，同時也是一件很殘酷的事情。」

自我審視並不容易，因為自我審視要求我們消除很多不良的情緒，在認識自我的過程中不斷超越自我。在當今社會能夠客觀分析他人的人非常多，但卻很少有人能夠客觀地看待自己，原因就在這裡。客觀看待自己是一種非常稀有的品質！

●摘下你的「受害者」面具

那是很普通的一個早晨，和平時的任何一個早晨一樣。

我出門的時候先是和我母親吵了一架（因為她沒有把粥做熟，而且把昨天的剩飯給我吃）。

然後在門口又生了一頓氣（因為某個鄰居把車停得緊挨著我的車，我費了很大的力氣才把車倒出來）。

開車上班的路上被不遵守交通規則的蠢貨別了幾下，作為報復我使勁地按喇叭，然後想超過他們 —— 但是令人生氣的是沒有成功。

因為路上車太多了，而且大家都不懂得禮讓，導致所有的車都行駛緩慢，我上班遲到了 10 分鐘。

我怒氣沖沖地坐到座位上，客戶打電話來又要修改標準——之前已經修改了兩次了！他們到底有沒有誠信精神？

我把這件事交給我的下屬，但是她連昨天我交代的事情都沒做完——理由是還沒來得及做。

一直到中午，我和朋友約好一起吃飯，在燥熱的餐廳裡，我一個人坐著傻乎乎地等著她，在她遲到 20 分鐘出現時，我整個人爆發了。

我譏諷地說：「真是看出來你忙了，連吃頓飯都要別人等。難為你大中午抽出時間和我吃飯。」

朋友的妝有點花了，看得出來她也是急急忙忙趕過來的，她對我說抱歉，但是仍然不能平息我的怒火。

可惡的是，點的湯一點也不好喝，菜的油又大，這家餐廳怎麼越來越差？

我冷著臉吃完了飯，我想跟她說一起去喝咖啡。

但是她卻站起來，說：「今天夠了。我受夠你了。你到底是為什麼這麼生氣？真的只為了我遲到 20 分鐘？我跟你說過了，因為客戶臨時加單，其他人都走了，我不能把客戶晾在那兒。你真的不能理解嗎？上次你遲到我也是這麼等你的啊！最近你越來越不好相處了。」

朋友加重了語氣：「所有人都對不起你是吧？就你是受害者是吧？我看你還真上癮了！」

接著朋友拎起背包說：「你還要扮演受害者角色到何時？我實在是受夠你了。你自己想想吧。我先走了。」

雖然是盛夏，但是我卻感覺被人往頭上潑了盆冷水。

仔細想想，似乎很多人都「怕」我，包括我的同事、下屬，甚至我的母親……我已經很久沒被人這樣當面訓斥過了。

她走了，我坐在餐廳裡默默發呆。前所未有的挫敗感席捲了我。

我揉揉臉，彷彿要把那個叫做「受害者」的面具從我臉上摘下來。

坐了大約一刻鐘，我慢慢走出餐廳，然後慢慢向公司的方向踱步，我走得很慢，心不在焉，回想著我朋友的話以及我今天上午是如何度過的。

我今天真是沒少生氣啊 —— 我先是這麼想。

奇怪的是，雖然被朋友不留情面地訓斥了一番，我內心的怨氣反而消弭了。

已經過去了半天，我的內心終於獲得了平靜。

真是難得的平靜 —— 前半天，我的內心都在不停地責怪，責怪所有我遇到的人，責怪路人、責怪下屬、責怪母親、責怪朋友。

當我不停地責怪他人時，我也並不快樂，反而因為怨氣和憤怒變得焦躁。

　　然後，我想到了我媽媽失望的眼神，想到了被我按喇叭的其他車，想到了我對下屬的嫌棄態度，想到我是如何奚落我的朋友的。

　　我的內心湧起了強烈的愧疚，我用了很大力氣才剋制住了馬上打電話向她們道歉的衝動。

　　如果我真的道歉，她們一定會說沒關係。但是，現在比道歉更重要的事情，是審視自我。

　　「一直以來，我覺得自己是這樣無辜，而別人老給我添麻煩。」

　　那天下午我沒有工作，而是仔細梳理了自己的內心，發現一直以來，我都在扮演一個受害者，樂此不疲。

　　從那天以後，我開始有意識地傾聽我心裡的聲音。

　　受害者在我們的腦海中不停地抱怨：

　　「說是我朋友，但是完全不為我著想。怎麼好意思這樣做？」

　　「為什麼非要這樣？我就不能做我喜歡的事情嗎？幹嘛老是對我指手畫腳，用異樣的眼神看我？」

　　「受不了，隔壁那個人在幹嘛？怎麼能在地鐵裡那樣站著？哎呀他向我這邊走過來了！去！離我遠點！真討厭！」

　　「主管全是蠢貨，蠢貨，一天到晚就知道命令人，但是他自己什麼也幹不好……我受夠了，為什麼主管全都這麼蠢，這麼自以為是？」

　　「一個個地全都針對我。」

......

這些是什麼？

這些是我們腦海裡的「聲音」。即使我們站在那裡，什麼也不做，我們的大腦仍然在不停地發出聲音。

它會對遇見的任何人、任何事評頭論足，它是如此肆無忌憚、反應敏捷，從來不會有啞口無言的時候。

更重要的，它會靈敏地對所有來自外界的事物做出反應。

我們大腦中像是有一個不斷自動吐槽的裝置，對任何我們看不順眼的事情，不斷加以評論和抱怨，一刻也不會停歇。

所有人都在給我添麻煩。

所有人都針對我。

他們就是不能做好自己的事情。

這些都是我腦海中經常響起的聲音。

這個聲音喋喋不休，不停地在抱怨。

這個聲音是誰？

我稱它為「受害者」。

受害者永遠覺得自己是無辜的，而錯誤都是別人的。

受害者喜歡把自己的錯誤歸於「疏忽」，卻把他人的錯誤歸於「故意」。

我們的受害者心態還展現在：我們無意識地寬以律己，嚴以待人。這種無意識的行為，使我們不斷地對週遭的事物發出抱怨聲。

　　大多數人，對於他們腦海中那個受害者的聲音是如此認同。

　　受害者不斷地、不自覺地、機械性地抱怨，同時伴隨著負能量的情緒。

　　對於我們內心的受害者，我們毫無知覺。我們常常把自己等同於腦海中的抱怨者，把那個充滿怨氣的受害者當成我們自己。

　　我們的思想，我們反映和思考的內容，並不是出於我們的本意，而是受到了過去的束縛 —— 我們的任何意見、反應、揣摩，都被我們過去的教育背景、家庭背景、文化程度所制約。

　　即使成年以後，我們被學校和社會教育成看起來素養良好的成熟的人，但是我們內心仍然會受過去的幼稚的靈魂的制約。

　　我們最認同的，常常是那些最無腦的、充滿攻擊性的抱怨和揣度。

　　大多數時候，當我們思考時，不是「我」在思考，而是那個「受害者」 —— 腦海中的受害者在思考。

　　「受害者」還有一個特徵：它永遠不會採取平等的態度對待他人。

　　受害者要麼覺得別人高於自己，比自己好，居高臨下，要麼覺得別人不如自己，自己比別人優越。

　　抱怨可以幫助受害者壯大自己 —— 一切都是別人的錯。

　　我是如此完美，而別人、別的事情，總是來打擾我。

　　這是我們內心最願意認同的故事。在這個故事裡，我們永

遠是受害者。我們的一切行為，不是在忍受別人的迫害，就是在反抗別人的迫害——總之別人都是「惡」，我都是「善」。

警惕受害者！

受害者的抱怨，除了把你拉入煩惱和自私的深淵，毫無正面意義可言。

抱怨只能使受害者覺得自己更加悲慘，也使受害者更加強大。

受害者會因為他人的貪婪（不管是不是自覺地）、不誠實（不管有害沒害）、不夠正直（即使他人為了自保）、過去的作為、現在做的事情、說過的話、沒有成功的事情……而充滿怨恨。

這是受害者最喜歡的事情。

●受害者的 3 個傾向：喜歡抱怨、樹敵，並相信所有事都衝自己而來

想像一下，你的身體裡面，其實還住著一個小人兒，這個小人兒長得就像小一號的你，但是它看起來和你有那麼點不一樣——它的五官和你像是一個模子刻出來的，但是它因為不會笑，所以看起來愁眉苦臉、十分陰鬱。

因為身材太小了，所以它看上去如此脆弱和虛弱。

和它虛弱的樣子形成對比的，是它張牙舞爪、發洩怨氣的樣子。

它的名字叫做「受害者」，它是小一號的你。

每當你遇到什麼事，它就在你的身體裡面喋喋不休，發表自己的見解。

每個人的身體裡都有這樣一個「受害者」。

受害者熱衷抱怨

「受害者」是如此熱衷於抱怨，「受害者」的抱怨是滔滔不絕、層出不窮的，同時「受害者」的抱怨也是非常具有欺騙性的：遇到任何不愉快的事情，人都會本能地開啟抱怨模式，這種抱怨是及時的、迅速的，同時也是經不起推敲的。

任何「受害者」的抱怨，只要仔細推敲，就能發現它的狹隘和謬誤之處——比如我朋友遲到，我明明知道她不是一個喜歡遲到的人，她遲到一定是遇到了什麼事情。

但是「受害者」卻理直氣壯地說：貴人事忙，覺得跟我一起吃飯不是大事是嗎？遲到沒關係對吧？只不過讓我等一會兒有什麼大不了，是不是？

當時的我，馬上就相信了「受害者」的抱怨。

這也證明了，「受害者」同時也是無意識的——受害者只是本能地抱怨，發出攻擊，而不會對自己抱怨的內容進行篩選和思考。

我們常常扮演的角色：無辜的受害者

我們常常錯誤地把「受害者」等同於「我」，這種思想會阻礙我們認識自己。想要認識自己就需要改變這種思想。

想要用簡單的幾句話來概括「受害者」並不容易，認識「受害者」需要我們認真解剖，理性地進行分析。這一過程非常困難。「受害者」並不想讓我們發覺它，它會阻止我們對它的解剖和分析。

因為如果我們了解了它，「受害者」就會失去對我們生活的掌控。當我們意識到「受害者」的存在後，它的生命力就會隨之減弱，「真正的自我」就會顯露出來，驅逐「受害者」。

受害者的本質：是不願意承擔屬於自己的那份責任

有一對兄弟，他們家裡很窮，父親喜歡酗酒，還常常打人。在這樣的家庭環境下，幾十年後，哥哥成了市長，而弟弟進了監獄。

這對比強烈的兄弟倆引起了媒體的注意。

記者採訪哥哥成功的原因，哥哥說：「我的家庭貧困，父親酗酒且常常酒後打我們，在這種家庭長大，我有什麼選擇？」

記者採訪弟弟，弟弟也說：「我的家庭貧困，父親喜歡酗酒，還常常酒後打我們，在這種家庭環境下長大，我有什麼選擇？」

你可以選擇的：選擇奮起努力和自己的命運抗爭，或選擇破罐子破摔，讓別人決定你的人生，然後在自己失敗的人生中扮演「受害者」這一角色。

受害者沒有自主意識

當耶穌被釘在十字架上時他還在高呼：「原諒他們吧，因為他們並不知道自己做了什麼！」

當別人對你做了不好的事情時，我們要理解他人的「受害者」，因為「受害者」本身是無意識的。

在不幸的事情發生之後，人們有兩種選擇：反抗它或者順應它。有人會因為悲劇的發生而變得尖酸刻薄，抱怨命運不公；而有的人經過悲劇的洗禮，則會變得充滿智慧和愛。

我們可以決定自己成為什麼樣的人，然而我們卻不知道。

擺脫「受害者」這一身分，意味著我們自主選擇脫離泥沼。從不斷的掙扎到接受世界的本來面目，意味著我們開始以開放的態度面對整個世界，而不是封閉和仇恨。

受害者喜歡樹敵：常常沉溺於他人對不起自己的幻想中無法自拔

事實上，很多我們幻想的事是不存在的。我們熱衷於幻想他人如何對不起自己，即使心中隱隱約約覺得不對，但還是樂此不疲地在心目中樹敵。

如果別人犯了一個錯，我們就傾向於把它放大。別人的錯誤放得越大，就越能襯託作為受害者的我的無辜和明智。

人類的一個天性是：習慣於把別人犯的錯放大，並定性為「故意」「本來可以避免但還是犯了」，然後把自己犯的錯誤縮

小，並定性為「不是故意的」「完全無法避免」。這樣想會讓自己覺得輕鬆，因為不用承擔任何道義上的責任。

受害者幻想的核心：相信所有的行為都是衝自己而來

受害者相信所有的行為都是衝自己而來，如有人闖紅燈、隨便超車、上司發脾氣、更改上班制度、戀人有了不同的想法⋯⋯

當我們這樣相信，就自然而然有了防衛心理，有時還會湧起反擊他人的衝動。這就是人類莫名的攻擊性的來源。

要記住：真正的真理是不需要防衛的。

你的防衛，只是受害者的幻想在防衛，防止自己崩塌。

擺脫受害者的幻想，首先要明確：自己不是世界的中心，別人的行為也絕不是衝自己而來。

當我們明白，他人的錯誤並不是真的衝自己而來時，我們的怨氣和反擊的衝動就會隨之消失。

受害者的幻想對我們真正的傷害在於：誤解別人，把我們推入幻想的深淵，培養我們的怨氣，並使我們不願改變不好的行為。

學會分辨事實、觀點和行為

每個受害者，都是選擇性失明的大師，特別善於斷章取義，總是選取我們願意相信的事實，有時還喜歡隨心所欲地歪曲事實。

內心是個看不見的角落，就算我們的內心波濤洶湧、怨氣滿滿，從外表上也是看不出來的。

但是保持自我的觀察覺知，能夠幫助我們分辨究竟是看到了事實，還是只是個人的觀點。

觀點常常帶動行為，錯誤的意見就會導致錯誤的行為。

「觀點」這個詞很微妙 —— 我們在某個點上觀察（這個點通常是我們站立的點），得出的結論也是在這個點上得到的結論。一個「點」字決定我們永遠無法做到絕對客觀。

往往這邊是事實，另外一邊就是我們對事實的誤讀。

但是察覺自己內心的「受害者」，能夠讓我們抽離自己的身分，站到更高的位置看事件的全域性，看某個人的全貌。

這也是我們抵達智慧的必經之路。

● 人生苦短，不如做真正的自己

真實的你到底是誰呢？

你真正的身分到底是什麼呢？

你是你的名字嗎？

以我來說，我叫蔣家容，這沒錯。然而名字只是一個代號，我的名字是蔣家容，但是叫這個名字的人多的是。這個名字並不是真實的我。

那麼我是誰？

是我的職業或社會身分嗎？

我是一所美容院校的創辦者，是我丈夫的妻子；然而這也不能完全說明我是誰。

如果美容院校換個擁有者，那麼這個描述是不是要更改？

這些外界的定義並不是我。同樣的，你的職業、你的身分也並不能定義你。

你是你過去的經歷嗎？

我們常常用過去的經歷來指代我們自己。

類似於童年時父母離異、留守兒童、父母教育太過嚴苛，小時候不夠聰明、不夠討人喜歡、被欺負，長大以後戀愛不順利、婚姻不如意、工作不順心……

隨便在路上拉住一個人進行訪談，都會獲得這樣一個悲傷的故事。

然而這些故事，也並不能代表你自己。

無論你對自己的描述和定位是「可憐人」「失敗者」「屌絲」，還是「學霸」「高材生」「剛剛畢業就年薪十萬」「有優秀的另一半」「長相出色」，都只是你對自己的身分認同，是你看待自己的角度，這些也不能代表你。甚至你的身體本身，也並不能代表你。

你一定知道：人的細胞是不斷新陳代謝的，7 年的時間內身體所有的細胞更新一遍。雖然每個人都擁有身體，但是這個身體也並不是我們本身。

　　真正的自我，應該是充滿靈性的，它並不是一系列名詞和形容詞所能指代的。

　　自我是一個生命體。

　　尋找真正的自我，是你在這本書的閱讀過程中最重要的任務，同時也是你人生旅途中最不可或缺的任務。

　　找出自我的本來面目，重塑自己。

　　找到自我的本來面目，重新塑造自己，是件非常困難的事情。

　　但是，如果你仍然渴望獲得真正的、充滿自我意識的自由和幸福，而不是懵懵懂懂地依靠本能過活，那麼，找到自我的本來面目，就是人生路上的必修課。

　　當我們開始抗衡內心的痛苦之時，就表示我們已經摘掉了枷鎖。

　　從我們開始對抗內心的受害者那一刻起，我們就踏上了走向強大之路。

　　「當我們凝視深淵，深淵亦回報以凝視。」

　　如果我們把它當成問題，那麼它就成為你的問題。

　　當我們把別人視為仇人，那麼他就會成為你的仇人。

　　如果你把自己視為受害者，你就會成為受害者。

　　你把痛苦之身等同於自己，你就會成為痛苦本身。

　　這一切，都是我們自願套上的枷鎖，而且還把鑰匙扔了。

告訴自己：每一刻都是嶄新的。

活在當下，意味著每一刻都是全新的；意味著，我們可以獲得全新的身分，去過全新的生活，遇見全新的人（當我們用全新的眼光看待周圍的人，就會發現從來沒有真正認識過任何人）。

每一刻都是全新的 —— 這看起來如此平凡的句子，其實蘊含了生命的最高智慧。

生命是一場有去無回的冒險。我們一路前行，就像坐著雲霄飛車，既不知道終點在何方，也不知道去了哪裡。

但是，活在當下，我們就可以享受每一刻的風景：享受幸福、快樂、平靜，也享受痛苦、不平 —— 作為生命體驗的一部分。

我們被過去的經歷、背景、我們所認同的自己所制約而形成的心智和性格，往往成了我們的牢籠。我們習慣於扮演我們相信的那個角色，其實這一切都是我們心智製造的幻象。

不不，那不是你。

「你可以成為任何人。」

「你可以成為你想要成為的任何人。」

只要你願意。

Part2

自我成長：直面困境、潛意識和內心之痛

第四章
面對挑戰：人生的持續學習

人生苦難重重。一旦我們想清楚了這點，就能夠實現自我超越。

自律是我們消除人生痛苦的最重要手段之一。

生命並不是由昨天構成，也不是由明天構成，生命只有「今天」。

● 迴避問題：大多數人的選擇

我很喜歡看微博「人在紐約」寫的很多人的人生經歷。如果我們的目光只盯著自己，就會誤以為自己是世界的中心，只有多看看別人的人生，才能真正理解「太陽底下並無新鮮事」這句話。

「人在紐約」的文章中，有很多給我留下深刻印象的人生經歷。如果以「人生」為關鍵詞搜尋，你會看到這樣的內容：

——「我妹妹生病了，醫療費要 30,000 盧比（約新臺幣 11,210 元）。我父親一直沒有按時領到過薪資，所以我們沒有其他選擇，我只能去找磚窯老闆借錢，同意給他們打工抵債，直到把債還清，其他家人也一樣。本來說好每天從黎明幹到傍晚，一週工作 6 天，但我們從沒在第 7 天休息過。現在他們說

我欠他們 90 萬盧比（約新臺幣 33.6 萬元），我的人生沒有希望了。他們每年會辦一個集市，磚窯主們聚在一起，把我們賣掉。就在 10 天前，他們用 220 萬盧比（約新臺幣 82.1 萬元）賣掉了我們一家人。」

── 「這是我人生中最糟糕的時期。我有兩個弟弟。幾年前，他們中有一個被診斷出患有小兒麻痺。他再也不能走路了。去年，我的另一個弟弟得了腦瘤。他再也記不得我的名字了。所以，一個弟弟需要我當他的腿，而另一個則需要我當他的頭腦。」

── 「我前陣子因為憂鬱症休息了一段時間，現在要回去工作。我這輩子都在不時地和憂鬱症做鬥爭，兩年前車輪完全偏離了軌道。感恩節我和幾個朋友吃了頓愉快的晚餐，帶著不錯的心情入睡，可第二天我沒辦法起床，四天后我的老闆打電話來，我還在床上。之後兩年就像是一場戰爭，我丟掉了工作，住院住了三次。

「我收集了整整一個大資料夾的關於憂鬱症的資訊，包括到哪裡去做康復療程，怎麼向保險公司申請賠償。我覺得我是在為自己的人生而戰。有時候我給某家擅長某種特定療法的醫院打電話，他們告訴我他們不收我的保險。我會和他們說，請幫幫我，我快死了。」

── 「你人生最大的目標是什麼？」「找到我的孩子。他們一個 5 歲，一個 7 歲。我告訴他們我只是短暫去一趟朱巴，

過幾天就會回來，但是因為戰爭我被困住了。我離開的時候他們哭得很大聲，我只好趁一個在玩，另一個在睡的時候偷偷溜出來。」

——「我 8 歲的時候，第一次意識到自己的腿有毛病。我們在院子裡玩一個需要賽跑和翻跟頭的遊戲，當連最小的孩子都能贏我的時候，我知道了，我的腿有問題。然後到了該上學的年紀，我是唯一一個不能去的，因為去學校要走很長一段路。」

「你記得你人生中最傷心的時刻麼？」

「當我 20 歲的時候，有那麼一刻我意識到我沒法得到任何教育，然後我突然明白我可能也不會有自己的家庭。」

——「讓我們這麼說吧，我住在一個流浪人員庇護所，但我一點也不討厭我現在的生活。我媽以前經常辱罵我。我那時是個小胖子，她每次一生氣就會嘲笑我的體重。她一直嗑藥。有時我去廚房，發現她趴在水槽邊上昏了過去，水龍頭還開著。我 17 歲的時候她給了我人生中的第一袋海洛因。」

——「我拿到約翰·霍普金斯大學的獎學金的時候，我女兒才 5 個月大。我老婆跟我一起去了巴爾的摩，這樣我們全家就都能在一起。我會一直感激她的這份犧牲，因為我知道那是她人生中最困難的三年。她一句英語都不會說。我們住在一個小小的房間 —— 小到好幾次我都要去廁所學習。」

和這些人的經歷相比，你會發現那些發生在你身上的苦難是多麼微不足道。

《少有人走的路》開篇就寫：「人生苦難重重。……一旦我們想清楚了這點，就能夠實現自我的超越。」

只有發自內心地理解並接受「人生本來就充滿苦難」這一事實，我們才能夠不再對人生中的苦難耿耿於懷。

有太多的人不願意正視這一事實。

彷彿我們的人生本來就應該一帆風順，任何人生中的苦難都是我們的不幸（苦難當然不是幸運，但是它也絕非不幸那麼簡單 —— 苦難是客觀存在的，它是絕對中性的）。

人們總是在抱怨：為什麼我的人生如此不幸？為什麼總是有這麼多麻煩？為什麼我的壓力如此之大？為什麼我總是遇到這麼多困難？

當人們遇到苦難時，幾乎沒有人會把它看作生命的常態，而只是把它看作自己不幸的佐證，然後發出哀嘆：命運為什麼偏偏如此對我？為什麼其他人過得如此幸福？

停止全能的自戀吧。人生本來就是充滿苦難的，命運並不偏向也不針對任何人。

人生本身就是由一連串的苦難和問題組成的，面對人生的苦難，你是消沉痛苦，不斷發出哀嘆和抱怨，還是坦然接受，奮起反擊？你是一蹶不振，還是積極地解決問題？

「人在紐約」中講述了形形色色的人生，而我最喜歡的一條是：

「我在努力第五次打敗癌症。第一次是在 1997 年，醫生告

訴我，我只能活6個月。我的腋窩、膝蓋、背部都有過癌細胞，還有兩次是在腹股溝。生活在不斷向我投來弧線球，而我不斷地把球打回去。」

要解決人生問題，首先要做的，就是自律。

沒有自律，你就不可能解決任何問題。少量的自律，可以解決少量的問題。只有完全的自律，才能從根本上解決問題。

如果我們把生活中遇到的難題當作我們的痛苦，那麼解決它們也會帶來相應的痛苦。

我們的生活會被各種紛至沓來的問題充斥，為了對抗它們我們疲於奔命。

我們的心靈始終在遭受折磨，悲哀、失望、沮喪、痛苦、落寞、孤獨、憤怒、恐懼、焦慮、絕望……使我們的心靈如同被置於火焰上炙烤。

不承認人生的本質就是痛苦，我們就無法獲得心靈上的自由和平靜。

心靈上的痛苦和肉體上的痛苦一樣令人難以承受，甚至更為嚴重。

人生的痛苦如此之強烈，所以大多數人都會選擇逃避。

迴避問題是大多數人的選擇

當問題出現時，我們恨不得立刻就把問題解決掉。如果問題一時半會難以解決，我們就會寢食難安，心急如焚，直到開

始以各種方式拒絕面對問題。

其中最具破壞性的一種，就是被動等待，期望問題能夠自己消失。

這種期望只會加重我們的無助和絕望。

只有極少數人會說：「這是我的問題，必須由我承擔和解決。」

大多數時候，我們更願意逃避問題，同時盲目樂觀地自我安慰：「這個問題可不是我導致的，是別人的原因，別人總是拖累我，這次也一樣。不管怎麼說，這問題應該由別人解決，或者由社會來解決。總之，不是我的問題，我不需要負責。」

當我們自己解決不了問題時，就期望別人來幫忙

我曾聽一位培訓老師說過一個故事。

這位老師在考博士時非常焦慮，一直擔心自己失敗，擔心自己的導師不給她機會。她的男朋友知道這個情況後開導她：「不要太過擔心，你現在已經是碩士了，就算沒有考上博士，你以後也能找到一份合適的工作。」

男朋友的開導沒有發揮作用，她還是焦慮。後來，焦慮的情緒越來越嚴重，她想要男朋友幫助自己平復焦慮情緒，但是男朋友的開導從未起過作用。

她對男朋友的不滿日益加重，最後選擇了分手。

後來她終於渡過了難關，並且找到了新的男朋友，兩個人

順利地走入婚姻殿堂。

她的朋友們發現，她的丈夫其實非常像她以前的男朋友，無論是外貌還是性格。大家都覺得既然如此相似，為什麼還要和當時的男朋友分手。

但她對此並不覺得有什麼好奇怪的。她解釋道，她之前的男朋友非常適合她，安慰她的方法也沒有錯，只是當時她無法安撫自己的焦慮情緒，所以開導沒有發揮作用。如今她已經學會控制自己的情緒了，這件事情就不再成為她同另一半之間的障礙了。

很多人都有這樣的想法，當自己無法控制負面情緒時，就希望別人能幫助自己，如果別人無法幫助自己，就會因此產生怨懟。

解決問題的過程本應成為我們心智成熟的旅程

人生，就是一個不斷遇到問題，不斷解決問題，然後再遇到新問題的往復循環的過程。只要我們的生命存在一天，這個過程就不會停止。它像生老病死一樣無法抗拒，又如同人體的新陳代謝一樣自然。

承認人生本就困難重重和解決問題的過程，也是我們心智成熟的旅程。

我們在不斷解決各式各樣的難題，在這個過程中能力也得到了提升。

如果不去嘗試解決問題，我們的心靈就無法成長。

面對問題，解決問題，是我們人生路上最好的練習。

真正的智者絕不是逃避問題的人。他們要麼迎難直上，要麼與無法解決的問題和平共處，絕不會讓它帶來心靈上的額外痛苦。

遺憾的是，迴避問題，永遠是大多數人的選擇。

我們畏懼痛苦，也畏懼問題。因此遇到問題，我們的本能反應就是逃避。

有的人會把解決問題的希望放在別人身上，期待別人能夠為自己負責。

有的人則選擇忘記問題的存在。

更多的人是不斷拖延，絕不會主動解決問題，而是等待問題自行消失。

還有的人無法承受問題帶來的痛苦，用酒精或藥物來麻痺自己的神經，以獲得片刻的解脫。

還有的人，活在自己想像的世界裡，給自己搭建了一個虛幻的城堡，甚至和現實脫節。

迴避問題，幾乎成了我們的本能。

迴避問題、逃避痛苦是人類的本能，同時也是人類龐雜的心理疾病的來源。

正因為人人都想逃避問題，所以大多數人都存在著心理缺陷。

心理完全健康的人寥寥無幾。

● 我們只有解決「迴避問題」，才能解決其他問題

很多時候，我們只有解決「迴避問題」，才能解決其他問題。

如果一味逃避問題和痛苦，就會失去心靈成長的機會，隨著人生的問題越來越多，我們的心智不僅沒有成熟反而越發幼稚，痛苦也隨之加劇。

問題永遠不會消失。即使我們拒絕看它，它也不會因此移開。

所以，面對人生的問題，正確的做法是：正視問題。正視問題和痛苦，對我們的人生具有非凡的意義。

「如果我們不去解決它，它只會不斷帶來新的痛苦。」

勇敢面對問題，承擔起屬於我們的責任，才能夠使我們的心智進入成長型思維模式。

其中，最重要的一條就是自律。自律是我們消除人生痛苦的最重要手段。

自律意味著，我們在面對問題和痛苦時，能夠抗衡我們逃避的本能，以堅定勇敢的態度面對問題，並從中學到如何忍受痛苦。

人類迴避問題的傾向也常常來自於家庭

人們迴避問題的傾向，通常來自於錯誤的家庭教育。父母常常會給自己的孩子樹立一種反面榜樣。父母不會承擔自己的

責任，所以他們的人生問題重重。

同時，身為問題父母的子女，也會模仿父母的行為，重蹈他們的覆轍。

我有一位非常擅長烹飪的女友，她是個工作能力出眾的女性，同時也是一個 5 歲女孩的母親。但是她最大的煩惱，就是管不好自己的女兒。

雖然她很愛自己的孩子，但是孩子每次出了問題，她都只是粗暴地用自己的家長權威去壓制孩子，類似於孩子挑食、不願意自己刷牙、睡覺時間晚這種小事，她都不知道如何和孩子溝通，也沒有在孩子小時候幫助她養成良好的習慣。所以現在，她能做的，就是警告孩子要聽話，否則後果自負。

儘管這麼做效果並不好，她卻沒有想過是不是有別的方法能夠解決問題。她對我說：「我對這個孩子一點辦法也沒有。」

我告訴她，要花更多時間在了解孩子的心理和行為上，然後讓其慢慢建立良好的行為習慣。

但是她卻說：我沒那麼多時間，我只希望她能像別的孩子那樣聽大人的話。

不花時間怎麼能解決問題呢？

雖然我這個女友聰明又有能力，在工作中的表現令人敬佩，只要她肯付出努力，解決她女兒行為習慣的問題並不是件難事，但是她就是不願意花時間在教育孩子上。

教育孩子的問題讓她感到焦躁，所以她的想法是盡快擺脫

這種狀況，盡量減少自己和孩子接觸的時間。

如果你不能解決問題，你本身就會成為問題

很多人因為不肯承擔屬於自己的那份責任，反而使自己的人生問題變得更多更複雜。

很多人不由自主地把責任推給父母、配偶、朋友、上司、同事、孩子……任何可以抓住的人都是他們推卸責任的對象。這種推卸責任的行為，要麼會使我們周圍的人因感到痛苦而奮起反抗，使彼此的關係越發糟糕；要麼使他們逆來順受，直到產生習得性無助。

我們意識不到自己推卸責任的行為是多麼傷害身邊的人。

還有的時候，我們把問題推給那些更為抽象（抽象也就意味著它們無法為自己爭辯）的事物，最常背黑鍋的對象無疑就是「社會」。

我常常聽到別人抱怨：「現在的社會……」

「這都是社會問題。」

「統治者和社會應該共同承擔責任。」

這種論點的荒謬之處在於，我們自己也是社會的一部分，但是當我們把責任推給社會時，卻忘記了這一點。

●面對問題：心智成熟的開始

大多數有心理問題的人，都會表現出兩種症狀：他們要麼過分承擔責任，把不屬於自己的責任也攬到自己身上；要麼迴避問題，拒絕承擔任何責任。

前者會引起各式各樣的神經官能症，他們更習慣於把錯誤歸咎於自己，然後進行自我攻擊。他們常常說的句子是：

「其實我本來可以……」

「我或許應該……」

「我不應該……」

每說出一次這樣的話，都只會加重他們的憂鬱。

比如說：「我本來可以考上那所頂尖大學，但是我當時沒有信心，導致了失敗。」

「我或許不應該這麼早就談戀愛，我根本沒有做好準備。」

「我不應該過現在這樣的生活。」

據我觀察，喜歡推卸責任、迴避問題的人，要遠遠多於傾向於承擔責任的人。

很多人認為，在面臨問題時，自己是無能為力的，而無能為力又成為他們不作為的理由。

他們常常掛在嘴邊的片語是：

「我不能……」

「我做不到……」

還有很多人，他們把不屬於自己的責任攬到自己身上，但

是對於自己應該承擔的責任卻拚命地迴避。

迴避問題只會帶來更大的痛苦。

通常，我們用在迴避問題上的力氣，要比用在解決問題上的力氣大得多。

面對問題是我們心智成熟的開始

活在這個世界上，正確地評估自己和自己的責任、解決和面對自己的問題、接受人生給予的各種快樂和痛苦，既是我們的責任，也是我們永遠無法逃避的問題。

理智評估責任歸屬，當然會產生痛苦，於是迴避幾乎成了我們的不二選擇。但是，只有認真地評估和反省，並忍受面對問題帶來的痛苦和折磨，才是我們應該選擇的道路。

心智成熟，是我們畢生的任務，它從面對問題、承擔責任開始。

每個人都需要花費很多時間和努力，才能做到正確地認識自己、正確地認識現實。承擔責任，正是了解自我和現實的重要內容。

我們只有自己解決問題，才能得到真正的解脫

我的一個企業家朋友給我講過一個故事。

他曾經是個落榜生。他在 2001 年指考落榜，這對 18 歲的他來說無疑是重大的打擊。當他看到那些拿到錄取通知書的同學時，感覺自己彷彿處於另一個世界。在他萬分失意的時候，

他的同學們憧憬著未來：大學的象牙塔生活是多麼美好，畢業後手中的文憑會成為就業的籌碼，可以繼續深造、可以應徵事業單位，前程似錦。

而他手拿一紙高中畢業證書，在人才市場裡彷彿一個可笑的孩童。高中學歷以及工作經驗的匱乏，讓他處處碰壁，於是他選擇了南下打工！

2002 年 9 月，他到南部打工。他的一個親戚在電器廠裡上班，帶他進了廠。廠裡的生活單調而重複，電器的各個部分都是分工廠生產，而他所在的這個工廠只負責電子元件的組裝，其他的他一概不知。

他就這樣過了幾個月麻木的生活，每天都渾渾噩噩，隨波逐流。工作並不特別辛苦，但是他感覺到前途黯淡，看不到希望。

直到有一天，他被現實驚醒。

那是 2003 年的春節，一大家人坐在一起吃團圓飯，突然電視出現了波紋花點，看不清圖像了。大過年的，也找不到維修人員。

他的父親說：「你們電子廠不是生產電視的嗎？你去把電視修好。」

他剛想辯解電視機生產和維修是兩碼事，可一大家人都看著他，他只能硬著頭皮走到電視機前，根本不知道從何下手。

父親說：「你倒是修啊，怎麼還不修啊？」

其他親戚也附和了兩句。他只是一言不發。最後大家都不再說話了。

雖然家人並不是故意傷害他，也不懂得電器裝配與維修之間的關係，但年夜飯，他吃得非常不是滋味。

後來他對我說：那天夜裡，他翻來覆去一夜未眠。自己這樣打工，的確是足夠自己生活並且能有點積蓄，可是前途呢？現在這個年紀，每個月賺 20,000 元，不算太糟。可這樣下去，等到他 30 多歲的時候，每月又能賺多少錢？廠裡最熟練的職工天天加班也不過 30,000 元。在一個重複勞作的工作職位上，他學不到任何知識。他只會熟練地組裝電子元件，可他連這些電子元件的作用都不知道，連電視機的原理都不清楚。這樣的自己，真的有前途嗎？

後來，他不顧家人反對，離開了工廠，開始尋找屬於自己的路。

現在的他，事業如日中天，和 18 歲時在工廠裡的他已經不可同日而語。

但是他說，他永遠也忘不了那個夜晚。他說，那一夜是他人生最痛苦的一夜。因為活在問題中時痛苦不那麼明顯，當面對問題時，那種痛苦真是清晰至極。

但是，面對問題後，就再沒有那麼痛苦了，因為他終於開始解決問題了。

如果沒有面對問題，問題就會一直存在下去，並不斷帶來

新的痛苦。

你需要自己解決問題，而且必須自己解決問題了。

依賴別人解決，只會使你習慣於被他人豢養，你會像菟絲花一樣纏附在他人身上，最終成為別人生命中的沉重負擔。即使別人願意被你依賴，你也不會覺得幸福：因為你不是靠自己的力量活著。

最重要的是，你找不到自己的價值。因為，這一切，只有依靠自己才能得到。

你不需要成功，你只需要行動

在我無數次瞻前顧後時，我的內心總是被焦慮充斥。明明是我非常想做的事情，但是我卻害怕失敗。

還有很多問題，在我看來是那麼困難。

直到有一天，我再次因為一個問題裹足不前，我的丈夫鼓勵我說：去做吧。無論什麼結果都不要後悔。

我焦慮地說：但是我失敗了怎麼辦？

我的丈夫說：你不需要成功，你只需要去做這件事，因為現在你猶豫要不要做的壓力，已經超過了這件事本身帶給你的壓力了。你開始做，一個問題就解決了。

我恍然大悟，立刻下定決心，然後展開了行動。沒想到的是，當我決定去做的那一刻，我身上的負擔忽然減輕了。

當你覺得壓力太大，難以抉擇時，不妨立刻開始行動。抉

擇只會帶來更大的壓力和痛苦。立刻行動，答案會在行動的過程中水落石出。

解決不了問題時，就要學會和問題相處

如果這是一本心靈雞湯，我會很願意和你說：加油、努力，所有的問題，只要你付出行動就能解決。

如果真的是這樣，世界該多美好。

我們之所以面臨問題時如此痛苦並想要逃避，固然有人性中軟弱面作祟的原因，不過有的時候，還有另外一個原因：人生中有些問題是解決不了的，我們也非常清楚這一點。

一天深夜，我接到了一個電話，是我的一個朋友，她在電話那頭痛哭。她剛剛查出來染上了一種疾病，這種疾病不會讓她立刻死亡，但是目前的醫學也無法治癒。這個病就像定時炸彈一樣安在她的身體裡。

我聽著她在電話那頭嗚咽。她找不到其他人傾訴，也不想讓父母知道。

而我能做的，也只是默默傾聽。這是我解決不了的問題，也是她解決不了的問題。沒有任何一種辦法可以讓這種疾病從她身上消失。

不僅僅是疾病，還有很多人帶著貧窮、生活的壓力、童年的陰影等等在生活。

這個世界上不是所有問題都能解決 —— 這是真理。

也許你會問：那我們面對問題的意義是什麼？

嗯，前面說過了，如果不面對問題，只會引起人生中更大的痛苦。

面對問題的根本在於：去行動，去解決那些有可能被解決的問題，然後和那些不能被解決的問題和平相處。

有個老人說：等你到了我這個年紀，你就會發現生活到處都是問題，你的身體、老伴的身體、不孝順的兒女……當你連大小便都無法控制的時候，你要做的，就不是解決問題，而是學會和問題相處了。

學會和問題相處，與迴避問題的區別在於：你選擇平和，還是選擇怨懟；你選擇接受，還是選擇不接受。

讓每一次挫折成為提升自己的契機

有沒有一扇窗

能讓你不絕望

看一看花花世界

原來像夢一場

有人哭

有人笑

有人輸

有人老

到結局還不是一樣

有沒有一種愛

能讓你不受傷

這些年堆積多少

對你的知心話

什麼酒醒不了

什麼痛忘不掉

向前走

就不可能回頭望

—— 《朋友別哭》

每次聽到《朋友別哭》這首歌都特別有感觸，其中那句「有人哭，有人笑，有人輸，有人老」更是道盡了人生的真諦。這首歌從 2005 年開始，一直陪伴我到現在。

每次在感到茫然和傷心的時候，我都會聽這首歌，有時它能夠安撫我，使我變得平靜；有時伴隨著歌聲，我會一邊流淚一邊寫日誌。

人生的路有太多的不如意，這些年我悟到一點：幸福要靠自己爭取，不要奢望別人給你幸福，任何人都沒有義務給你幸福，也沒有人有能力讓你幸福。

自己不強大的時候不要悲觀絕望，記得努力地充實自己，讓自己強大起來。

如果你失意了，自卑了，茫然了，請聽聽這首歌 ——《朋

友別哭》。

如果你真的忍不住，還是可以哭的。偷偷地哭是可以的，但是你的眼淚最好不要讓別人看見。讓朋友和親人看見，除了讓他們為你擔心，毫無助益；讓陌生人看見，你的眼淚和他們無關。

然後記住，哭過之後請擦乾眼淚，勇往直前！

小時候經常因為自己是女孩，被鄰居歧視。他們覺得女孩沒有什麼出息，長大了要嫁人，會是別人家的人。

在我出生的前一天，母親還被奶奶逼著去做人流，母親捨不得活生生的生命就這樣沒有了，硬是鼓起勇氣把我生了下來。

為了我，母親承受了太多太多的壓力。這些都是我出生時的事了，如果父母不告訴我，也許我永遠都不知道。

但是每次聽到母親提起這些往事，我都淚流滿面，她為了我受了太多太多的苦，我絕不能讓她失望。從小我就下決心要爭氣，女孩不會比男孩差的。

這種願望也使我早早就背負起不屬於我那個年齡的壓力。在我成長的過程中，也曾因成績差而哭得眼睛都腫了。每一次我覺得自己表現不夠好，都會哭，但每次哭過之後，還是擦乾眼淚繼續努力，因為眼淚換不來同情，眼淚換不來成績，只有自己努力才可以。

進入社會後，我茫然過，失落過，最讓我難受的是，我不知道屬於自己的路在何方。失落之餘也會哭，但都是偷偷地一

個人哭，哭過之後還是要面對明天的挑戰。

結婚後，因為家庭的壓力，生活的壓力，事業的壓力，種種交織在一起，我走到了人生的低谷，我知道眼淚換不來幸福，別人沒有義務給你幸福。每個人都是獨立的個體，而成年人要學會自己解決問題。

一切要靠自己爭氣，所以我選擇了堅強和獨立，慢慢地，我逐漸從低谷中走了出來。然後我發現尊重我的人比之前更多了，我才明白：只有自己強了別人才會尊重你。

現在，雖然我擁有了想要的一切：屬於我的家庭，屬於我的事業，但我並沒有多少成功的喜悅，反而感覺肩上的責任更大了。

很多人也許覺得老闆都是苛刻的，都是被光環圍繞著的，其實做老闆真的很難，身上的責任太大。我要對企業負責，對員工負責，對學生負責，每天都不敢懈怠。在很多人眼裡我是個永動機、工作狂，但是只有我自己知道，我只是迫於現實。

也有很多人羨慕現在的我，他們以為我終於得到幸福了，獲得成功了，其實這一切又把我逼向了另外一個新的挑戰，這次不是為了解決溫飽，而是為了企業的生存，為了所有員工的穩定，為了學生的將來。

如果可以再選擇一次人生，我真的想做個小女人，不再承受這麼大的壓力。不過唯一慶幸的是，我克服了心理障礙，我沒有怕，沒有什麼可以難倒我了。

當你茫然的時候，請不要看不起自己，人最大的敵人是自己，我也是這樣走過來的，能體會那種茫然。在成長的過程中，每個人都會經歷挫折和痛苦，只是早晚而已，有這樣的危機感表示你開始成熟了。

下面我給大家幾個建議作為參考：

第一，你要問問自己想要什麼，自己的目標是什麼。

第二，有了目標就要去實現，問問自己是否具備這樣的能力，如果沒有是否需要學習，如果學習是否具備資金，如果沒有資金是否需要慢慢累積。

第三，當有人給你消極思想的時候，給你打擊的時候，你是輕信別人，還是堅持自己的理想？

記住：任何時候都不要讓別人說你「不行」，哪怕那個人是你的親生父母。

不要否定自己，沒有什麼可以打敗你，最怕的是你自己否定自己。

請記住，努力並不一定會成功，所以在你拚盡全力後，如果失敗了，請不要抱怨，不要責備上天不公。

你應該學會：承擔痛苦，獨立面對挫折。

你應該學會：沉著冷靜，獨立思考問題。

你應該學會：坦然面對，盡最大努力使自己變得豁達開朗。

時刻提醒自己：你的夢想是什麼，為夢想而戰。

做個無所畏懼的人，勇敢前行，風雨兼程。如果跌倒了，

那就爬起來；又跌倒了，那就再爬起來，沒有什麼大不了。不要太在乎別人的看法，做真正的自己，把所謂的面子、虛榮……通通扔掉！

記住，你身後不只有你的影子，還有許許多多愛你的人，尤其是你的父母，他們永遠與你同行。

所以，你並不孤獨，讓自己在愛的暖流中前行，追逐夢想，你會成功的。

痛苦不如吃苦，生氣不如爭氣，只有讓自己強大，別人才會看得起你，才會尊重你，但是首先要自己尊重自己，每一次挫折都是對自己能力的提升，經歷的挫折越多你就會變得越強大。

●我們最大的寬容，往往給了錯誤的事情

心理醫生在接診病人時發現：大部分憂鬱症患者，都會被一種認知障礙所支配。如果這種認知障礙不改變，那麼憂鬱症患者就無法徹底擺脫憂鬱。它會讓憂鬱症患者感到自己始終在沼澤裡掙扎，無論怎麼努力都走不出去。

這種認知模式，就是自我否定。憂鬱症患者面對自己積極的情緒和行為會自我否定，同時對自己消極的情緒和行為卻非常寬容。

當他感到快樂時，他會這樣否定：「這樣快樂是不對的，因為快樂是非常短暫的。」

當他感到希望時，他也會馬上否定自己：「別抱太大希望，不會有那麼好的事情發生在你身上。你現在越是積極，以後就越是痛苦。不如冷靜地接受現實。」

雖然不如憂鬱症患者表現得那麼強烈和明顯，但是我們中的大多數人，都有這樣的表現：我們苛刻對待自己的正面情緒和行為，寬容對待自己的負面情緒和行為。

我們最大的寬容，其實是給了錯誤的事情。

我們最大的寬容給了錯誤的事情。

雖然我們也不喜歡負面的情緒和行為，但是我們卻下意識地放縱自己，讓自己的負面情緒無限增長。

如果我們忽然意外獲得了一筆鉅額資金，最合乎情理的反應是感到非常興奮。但是當我們被負面情緒支配時，卻會對這件事情採取否定的態度。

也許這筆獎金會讓我們開心一會兒，短暫的快樂時光過去後，負面情緒卻在悄然不覺中增長。

我們漸漸會想那些負面的事情，類似於：

「得到這些資金又有什麼用？並不能解決我眼下的問題。」

「為什麼金錢不能買到快樂？為什麼金錢不能買到健康？最重要的是，金錢也不能買到幸福。所以金錢的價值是什麼呢？」（可笑的是，在我們缺乏金錢的時候，我們最大的煩惱就是沒有錢。而如果我們有了錢，我們又開始問：金錢的價值是什麼呢？）

「指不定這筆錢什麼時候就會因為意外花光。」

我認識這麼一個男孩。其實他除了家境不好，其他條件都還算優秀。他從名牌大學畢業，成績出類拔萃，畢業後找到了一份不錯的工作。但是他卻整天愁眉不展。

　　不是憂心自己買不起房和車，就是擔心父母沒有醫療保險。他是我見過心理負擔最重的人。

　　後來他的症狀越來越嚴重，當他出色地完成一項工作，獲得同事和上司的讚揚時，他卻仍然高興不起來。

　　而我問他時，他是這麼說的：「雖然這看上去很不錯，但是做成了這件事情又有什麼用呢？對我糟糕的生活來說，這件事成功與否都無足輕重。」

　　有一個條件很好的女孩愛慕他，向他表白，卻被他拒絕了。

　　他說：「我沒有特別突出的優點，就算接受了她的表白，這段感情也不會維持太久。她的條件比我好太多了。況且，沒有經濟基礎的愛情，是不可能維持長久的，就像煙花一般，雖然絢爛但是用不了多久就會消失，所以為愛情投入太多實在是不值得。」

　　我說：「可是你工作基礎不錯，你可以透過自己的努力來夯實經濟基礎啊。」

　　他說：「沒用。我再努力也拼不過那些富二代。」

　　當他拒絕女孩，女孩離開他時，他說：「我早就知道自己是不可能獲得幸福的。」

　　甚至在朋友聚會時，他也是悶悶不樂的，我問他為什麼不

快樂，他說：「聚會總會結束，大家還會各奔東西，這有什麼好快樂的。」

他的行為模式是：任何使他改變現有消極生活狀態的行為，他都會否定。任何使他脫離內心憂鬱狀態的正面情緒，他都會拒絕。

被這種狀態折磨的人不在少數。

比如說：當他想透過看書改變自己的生活習慣，但是看了不到 5 分鐘就非常煩躁時，他就會想自己真是太沒用，看書這種小事情都無法堅持，難怪自己總是無法走出心理沼澤。

當他想用跑步來調整自己的身體，但是只堅持了兩天就因為某些突發事情中斷時，他會說，自己運氣實在是太差了，也太缺乏毅力，看來是沒有辦法改變了。

哪怕他堅持跑了很長一段時間，他同樣也會認為自己還是沒有一直堅持下去，自己總是一事無成。

也就是說，被憂鬱情緒所控制的人會下意識地打擊自己的成就感，同時不斷地增強自己的挫敗感。

所以，想要擺脫憂鬱症的困擾，就必須改變自己的認知障礙。

我們可以將人的大腦看成一個系統，無論事情是正面的還是負面的，對受到憂鬱情緒控制的人來說，都是負回饋；當憂鬱者希望對自己做出改變時，他的頭腦得到的回饋都是負面的挫敗感，而當他放棄努力，就會受到憂鬱帶來的痛苦，這就陷

入了一個惡性的循環當中。

換句話說，無論他們如何做，負面的情緒總是在不斷地增長，總有一天，他們會被不斷接收的負面情緒壓垮。

●你是固定型思維，還是成長型思維？

人的心理模式分為兩種：一種是固定型思維模式，一種是成長型思維模式。

固定型思維模式的人則擅長給自己的失敗找藉口。他們更傾向於給自己負回饋。

成長型思維模式的人，在遇到問題時，善於從中發現可借鑑、可幫助自己成長的因素。因此，失敗對成長型思維模式的人來說，只會給他們增添經驗，而不會令他們氣餒。無論成功還是失敗，他們永遠給予正回饋。

你是固定型思維，還是成長型思維？

從小我們就常常聽到這樣一句話：不要為失敗尋找藉口，只為成功尋找方法。

而固定型思維模式的人，就喜歡尋找藉口，尤其是為一件事情尋找失敗的藉口。

當某件事失敗時，他會將失敗的原因歸咎到自己身上，認為是自身的缺點導致了失敗，這種歸因加重了他的挫敗感。如果一個人長期處於挫敗感中，他原有的能力也會逐漸消失。

而當他獲得成功時，他又會將原因歸咎到周圍環境或者運

氣上，認為自己的成功是因為運氣好，或者是周圍環境幫助自己取得的，下次可能就沒有這麼好的事情了，自己在這件事中沒有起太大的作用。

總之，對固定型思維模式的人來說：成功只是偶然，而失敗才是必然。

長此以往，他就會習慣自己的失敗，習慣否定自己，不再會有積極的想法。固定型思維模式的人能夠從自己身上獲得的成就感通常是零。所以，錯誤的歸因，只會使我們失去自信。當你想要指責自己時，首先考慮清楚，失敗確實是因為你嗎？還是你強加到自己身上的呢？

憂鬱者習慣性地將失敗的原因算到自己身上。

比如因為自己的憂鬱症給周圍人帶來了傷害，他們會認為全部都是自己的原因造成的，這就是一種錯誤的歸因。

即使不把原因歸結到自己身上，他們也會找出種種理由來說明自己失敗的原因。這些理由無一不是固有存在的。歸因可以讓他們找到藉口：因為這種原因，我才失敗的。

「因為……所以……」的心理模式，使他們能夠心安理得地面對失敗，然後不再努力。

我的心理醫生朋友對我說，她接觸的很多憂鬱症患者都非常擅長歸因，在做一件事失敗之後，他們會將所有失敗的原因都算到自己身上，認為所有的事情都是自己的錯。自己一點用也沒有，也毫無優點。哪怕有些失敗其實和他完全沒有關係，

他們也會找到連繫起來的方法。於是，憂鬱者的挫敗感和無助感不斷地增加，就像是陷入沼澤當中一樣，無論如何掙扎總是在不斷下沉 —— 你應該注意到了，這和習得性無助的症狀幾乎一樣。

那麼，成長型思維模式又是怎樣的呢？

成長型思維模式的人碰到問題，不會立刻去尋找原因，他們只是單純地想去解決。如果成功了，他們會覺得這是自己努力的結果，是對自己付出的嘉獎，絕對值得慶祝。

而失敗時，他們也不會對此感到多麼失望，他們不會為失敗找藉口，而更願意挖掘失敗的那些積極影響。因為他們認為問題出現是對自己的一個挑戰，而失敗至少指出了自己還有可以進步的地方，給自己以後指明瞭方向。

成長型思維模式的人往往能夠從失敗中找到積極的因素，幫助自己成長。

成長型思維模式的人就這樣在不斷的正回饋中成長。

顯然，我們都想成為成長型思維模式的人。然而現實是，大多數人都是固定型思維，我們不但善於給自己的失敗歸因，還特別擅長負回饋。這也是我們做不出成績的原因。

● 從固定型轉換為成長型：能否挖掘成就感是關鍵

如何獲得成長型思維模式？

第 1 步：建立「行動」和「愉快」之間的連繫

所以，我們首先要做的就是改變自己的思維模式。

當我們有了積極的想法或者行為時，無論行動的結果怎麼樣，都要告訴自己：這是很好的，值得慶祝的。因為自己在做積極的事情。

如何慶祝呢？可以跟自己說幾句鼓勵的話，也可以出去吃一頓大餐，買一樣自己喜歡的東西。總之，要在「行動」和「愉快」之間建立連繫。

人類養成一種行為上的回饋其實是很容易的，關鍵是你如何增強這個回饋。

第 2 步：不管是成功還是失敗，都要從中挖掘成就感

能否獲得成就感，是區別固定型思維模式和成長型思維模式的關鍵。

擁有固定型思維模式的人無法獲得成就感，在他們下意識地放縱自己的負面情緒的同時，挫敗感也會不斷增長。而成長型思維模式的人，無論是成功還是失敗，他們都能夠從中獲得成就感，幫助自己成長。

所以，學會從自己的行動中獲得成就感，是很關鍵的一環。

全世界有上億對遊戲上癮的人，我曾經對這一現象感到驚奇，後來我發現，那些遊戲的開發者都深諳心理學。

在你玩遊戲的時候，遊戲會不斷地給予你正回饋，不斷挖掘你的成就感，讓你的挫敗感降到最低。比如之前曾經很火的一款跑酷遊戲，跑酷的路程沒有終點，遊戲過程就是不斷地逃跑，直到死掉。不喜歡這種遊戲的人可能會想：既然最終總是要死掉，為什麼還要玩呢？

而玩遊戲的人對於遊戲結果並不在意，他們在意的是遊戲過程。在這一過程當中，遊戲會透過等級、金幣、分數等數據來給予玩家成就感。而在日常生活中，許多事情給我們帶來的是成就感還是挫敗感，則完全是取決於我們自己的看法。

如何獲取成就感？

學會從自己的行動中挖掘積極的一面。

當你想要改變自己固有的認知方式時，一開始可能會感覺非常困難。但這是因為你的成就感閾值過高，你認為必須要將從前的認知完全改變之後才能算是一種成就，於是當你沒有做到時就會感到壓力非常大，並且焦躁不安。

而我並不要求你立刻改變一切，你需要做的只是，從自己現在做的每件事情中發現自己積極的行為和想法，並對此進行獎勵，主動去尋找自己值得被讚揚的地方。

比如說，一直以來你都想透過鍛鍊來塑形，只是遲遲沒有行動。某天晚上你決定放棄看電視開始鍛鍊，就可以對自己說：「你真棒！我就知道你是個對自己有要求的人。」

然後，無論自己鍛鍊了多久，哪怕只有 10 分鐘，都可以告

訴自己：今天你做得不錯，鍛鍊總比坐在沙發上看電視強多了。

退一步講，就算你只有健身的想法，卻從未付出行動，你也不要想：有想法沒行動是你的一貫作風，你就是什麼也做不好。

而要這樣想：雖然你還沒有開始鍛鍊，但是有這樣的想法也是值得讚揚的。接下來要是能夠真的付出行動就更棒了！

當你看書時，哪怕只堅持看了一頁，也可以告訴自己：今天畢竟學習到了一頁書的知識，總比什麼都不看要好。

當你學會自己尋找成就感時，你就會發現自己有許多事情值得肯定和讚揚。

簡單來說，就是要學會發掘自己的成就感，遠離挫敗感。要記住一點：人在成就感當中才更容易前進。

第 3 步：在糟糕的事情上找到積極的意義

當你遇到糟糕的事情時，要學會從中找到積極的意義。

—— 莫名地被別人羞辱了？要告訴自己：你真棒，遇到這樣的事情都能控制住自己的情緒，沒有讓憤怒操縱自己！這是一件值得高興的事情。

—— 遇見挫折或者不開心的事情？告訴自己這是非常正常的，無需指責自己，告訴自己人人都有犯錯的時候，可以從失敗中吸取教訓，下一次獲得成功的機率就大了，而且自己得到了磨礪，同樣是一件值得高興的事情。

—— 深陷憂鬱狀態無法自拔？對憂鬱症患者來說：即使一分鐘以後憂鬱將擊垮自己，但至少自己曾經努力同憂鬱症抗爭過，這就是值得驕傲的成就，憂鬱症雖然擊敗過自己好幾次，但它不能抹殺自己的成就。

　　—— 很久以來，一直被負面情緒所控制？二十幾年來自己沒有被負面情緒擊垮，還堅強地活著，這就是極大的成就，值得我們為之慶祝。

　　—— 自己做錯事情，傷害到了父母？你還會產生愧疚感，這證明自己還有基本的良知，值得肯定。

　　—— 解決不了問題？自己一直在想辦法解決，雖然問題一直沒有得到解決，但你的努力值得肯定。

　　相信自己在變得更好，每時每刻都在進步。

　　當你學會從一件壞的事情中發現積極的一面時，你就成長了。

第4步：時刻審視自己的想法和行為

　　道理很多人都明白，但是真正做起來很難。

　　這意味著你必須時刻審視自己的行為和想法，確保自己的思維在正確的軌道上，沒有發生變化。

　　一旦發現自己又在給失敗歸因，建立負回饋，就要及時停止這一行為。

　　也就是說，首先要學會自我表揚。就如我之前說的那樣，擁有固定思維模式的人總是喜歡進行自我否定，不斷地對自己的想法和行為進行否定，內心對自己是排斥的。

　　一個人如果連自己都不喜歡，那麼他肯定也無法喜歡上生活。所以學會適當自我誇獎是非常必要的。當你成功時不要太過謙虛，讚美之詞是你下次成功的基石；當你做錯事的時候，對自己要適當的寬恕，不斷地自責並不能幫助你成長。

　　「不斷發掘自己的成就感，消除自己的挫敗感。」這就是關鍵所在。

第五章

意識昇華：潛意識成長的階梯遊戲

當我們習慣被消極的心理暗示影響，往往什麼事都做不成，因為根本不敢去嘗試。

想擁有別人承認的價值，希望得到真實的敬佩，你的內心世界一定要強大。

你唯一的壓力，就是改變自己的壓力。

● 潛意識的魔力

如果一個人的內心不夠強大和成熟，很容易受消極暗示影響。

消極的暗示會使他們失去對自己和對生活的信心，不斷自我否定，也不敢展示自己的能力。

在二戰期間，曾有德國納粹在戰俘身上進行了殘酷的關於暗示的實驗。

戰俘被緊緊綁住，眼睛也被矇住，然後納粹告訴戰俘：「我們要抽光你的血。」

然後用冰冷的器械放在他的手腕上，戰俘先是感到一涼，冰冷的疼痛之後，就是滴答滴答的聲音。

戰俘完全被恐懼淹沒了，那滴答的聲音幾乎使他魂飛魄散，每過一分鐘他的絕望就加重一分。直到最後，戰俘死去了。

事實上，他不是死於血液流光，而是死於恐懼。因為納粹並沒有真的抽他的血，一開始用的是冰塊，後來則是普通的水的滴答聲。就是這滴水之聲把戰俘嚇死了，巨大的恐懼使他的腎上腺素急遽提升，最終導致心功能衰竭。

消極的心理暗示能夠產生巨大的負面能量。當我們習慣被消極的心理暗示影響時，往往什麼事都做不成，因為根本不敢去嘗試。

「我做不到」 ── 使你什麼都做不成

去年我搬家到了新地方，換了新的網路電信業者。不知道是什麼原因，家裡總是斷網。

每次我都會打電話叫電信業者派人來修。一方面網路出了問題我很著急，覺得為什麼這個網老出問題，一定不是我的原因；一方面維修的師傅來得多了，他也不耐煩。

他屢次對我說：「這個很簡單的。你自己弄一下就好了，你聽我說，你自己登入一下 ── 」

我馬上打斷他：「我做不好。真的，我一點也不懂這個。你還是過來吧。」

於是他就無奈地過來修。

直到有一次，網路又出問題了。我請他來修，他說：「網路

沒有問題，只是路由器壞了，你買個路由器換一下吧。」

我說：「你能幫我換嗎？」

他很不耐煩地說：「這不是我的職責範圍。我就管網路，現在網線插在你的桌上型電腦上，你看看能連上網嗎……能連上網，我就可以走了。」

我不情願地看了看，果然能連上。於是我說：「那好吧。您走吧。」

下午我出去買了新的路由器，然後等我老公回來換路由器 —— 不要問我為什麼自己不換，因為我從來沒想過自己換，我想我是幹不了這個的，「因為我一點也不懂。」

壞就壞在，我忽然想起來要把筆記型電腦裡的一個檔案傳出去。

於是我開啟筆記本，把網線從桌上型電腦上拔下來，插到筆記型電腦上，又連不上網了。

我不死心，又把網線插回桌上型電腦，發現也連不上網了。我看看電腦右下角的黃色三角形標誌（顯示網路有問題），想想要不我試試斷開吧……結果連那個圖示也不顯示了。

我告訴自己：夠了，我已經嘗試夠了。我還是叫那個師傅來吧。

我幾乎是如釋重負地（看看我是多麼不願意承擔責任啊）打電話給電信的師傅：「師傅我家網路又出問題了。我從桌上型電腦上拔下來網線，然後插到筆記型電腦上，不能上網。然後

我又把網線插回桌上型電腦，桌上型電腦也不能上網！所以您快過來幫我看看吧。」

師傅在電話那頭愣了下說：「你試著自己修吧。光插不行，你得撥號啊。」

我說：「我找不到撥號的東西在哪兒。」

師傅說：「就在你電腦的左上角，一個寬頻連線。」

我不死心地看了看，果然有。我撥號了，但是還是連不上。我說：「師傅，還是連不上，有錯誤程式碼。」於是我把錯誤程式碼唸給他聽。

師傅說：「那是你把網路卡禁用了……」

我說：「那您過來幫我修一下吧。」

師傅在那邊不耐煩地幾乎是用嘲笑的口氣說：「你不行找修電腦的吧。這是最簡單的事情了。」

我頓時感到了羞恥。被嘲笑和自己無能的雙重羞恥。我道了謝就把電話掛了。

然後我靜下來想了想，如果網路卡被禁用，我得先恢復網路卡……從哪兒來著，有點印象，我試了幾個地方，終於從「我的電腦——資源管理器」裡找到了網路卡，然後恢復了它。

然後一撥號，果然網連上了。

我默默地想原來這麼簡單，那麼我之前為什麼那麼固執地請別人來修呢？確實是很簡單的事情啊。

於是又試著自己裝路由器，看著說明書，一步步，最後路由器也裝好了，家裡 WiFi 也有了。

　　這件事使我受到很大的刺激。為什麼我就這麼固執地認為自己不行？對方是專業人士所以對方行？其實這確實是很簡單的事情，我只要動動腦就能解決。但是我就固執地認為自己不行，所以索性不去嘗試。

　　有太多事不是我做不到，而是我不夠努力。

　　這裡不討論那個電信業者的師傅是否夠專業 —— 實際上，我想他也煩透了，像我這樣的小白客戶實在太多。如果是每天解決專業的問題，他可能會更有成就感吧。

總是暗示自己不行，結果只會使你錯過機遇

　　經理把菲菲叫到了辦公室，說：「下個月我們部門的市場推廣活動，你做個方案出來。」

　　菲菲擔心自己做不好，立刻就說：「這個我不行吧，我可能無法勝任，要不您安排張然去做？張然做過好幾次市場推廣策劃了。」

　　經理冷冷一笑說：「那我要你幹嘛呢？什麼都不會，你是怎麼得到這份工作的？」經理的不滿和嘲諷，使菲菲覺得自己受了很大委屈（如果你常常覺得別人嘲諷你的能力，說明你真的要反思一下自己了）。

　　菲菲回到自己的座位上就生起了悶氣：憑什麼對我這種態度？你是經理了不起啊，經理就能不尊重人嗎？

　　菲菲生了會兒氣，然後看到張然被經理叫走了，經理對待張然和顏悅色的，和對待自己完全不同。

　　經理真是偏心啊，菲菲想，不過，要是我是張然，經理應該也會對我很好吧。

　　菲菲回想了一下，忽然發現：原來我進公司兩年了，確實沒有做出多少成績啊。張然和我差不多同時進的公司，學歷也差不多，我的大學排名還高點呢，為什麼我反而不如張然呢？對了，一開始的時候，張然總是積極表現，他自己不擅長的也主動攬到身上。但是自己呢，總是怕做錯，認為做個不出錯的新人已經很好了。於是越來越畏縮，好幾個很好的表現機會都錯過了，甚至一個已經下定決心去做，也有把握做好的工作，也臨陣脫逃了。直到大家都習慣了自己的無能，連自己也習慣了自己的無能。

　　現在，我在公司的地位，真是岌岌可危啊。菲菲忽然意識到這一點，感到非常懊悔。

　　如果你像菲菲一樣缺乏自信，不求有功但求無過，總是給自己消極的暗示，那麼很難相信你能做出什麼成績來。

　　總是消極地暗示自己不行，最後的結果就會使你像繞過障礙一樣繞過所有的機遇。

　　在我的職業生涯中，我發現那些最出色的，往往不是學歷最高、專業能力最強的，反而是那些非常自信、勇於拚殺的，因為他們不畏懼失敗。

不畏懼失敗，就意味著你有著比別人更多的機會。

而更多的自信，也常常幫助你獲得更多的能力。

●吸引力法則到底在吸引什麼

試想一下，假如你要參加一個非常重要的工作面試，你的條件如下：

你的學歷很低；

你毫無相關工作經驗；

你之前甚至沒有一個正式的工作；

這份工作對著裝要求很高，但是你卻不得不穿著你最破的、沾滿了油漆的衣服去面試；

你的其他競爭對手都是西裝革履、名牌大學畢業、具備相關經驗的菁英；

你的面試官幾乎在看到你的同時就在心裡給你投了反對票。

你該如何透過這場面試？

在電影《當幸福來敲門》中，男主角 Chris 經過千辛萬苦終於爭取到證券公司的面試機會，但是面試的當天他剛從拘留所出來，他看起來糟透了：不僅衣服破舊，上面還沾滿了油漆。在被警察帶走的時候，他正穿著這身衣服刷牆。

而金融證券公司對著裝要求很高。本來他就有學歷和資歷上的劣勢，面試透過可能性就很低，再加上他這狼狽的外表，大多數人到了這個地步可能就放棄了。

這是我非常喜歡的一個情節：

Chris 沒有放棄，他先是進入房間問好，雖然他的樣子嚇壞了面試官，但是他仍然保持機智和冷靜。

他坦誠又認真地說：「我在外面思考了半個小時，我怎麼能編出一個故事，來解釋為什麼我以這副模樣出現在你們面前。我想編出一個故事，能夠說明我身上具備那些你們需要的優點，類似於誠實、勤奮、團隊精神……但是我沒有想出來。我只能說出事實：因為我付不起違章停車的罰單，所以我被拘留了。我是一路從警察局跑過來的。」

面試官對他的觀感略有好轉，於是他們稍微聊了幾句，關於 Chris 被抓進警察局之前在幹什麼，關於 Chris 是多麼渴望進入這行以及他已經開始自學；關於 Chris 平時是多麼西裝革履，也關於 Chris 不值一提的學習背景（高中是 12 人中的數學第一名，海軍服役時也是 20 人的雷達班上的第一名，雖然這些和面試官的要求相差甚遠）。

雖然交談非常融洽，但是 Chris 的劣勢還是太明顯了。Chris 看到面試官拿著筆在本子上劃來划去，完全沒有被打動的意思。

Chris 舉起雙手認真地說：「我可以說幾句嗎？我是這樣的人：如果你問我問題，而我不知道答案，我就會坦誠地告訴你我不知道。但是我向你保證，我知道如何去尋找答案，而且我一定會找到答案。這樣可以嗎？」

這是 Chris 的再次努力，令人動容，但是還不夠。

面試官問：「Chris，假如你是我：有個傢伙連襯衫都不穿就跑來面試，你會怎麼想？假如我僱傭了這個人，你會怎麼想？」

面試官其實在非常委婉地拒絕他。我之所以對這個細節印象深刻，因為在我的經歷中：求學、創業、尋找合作和客戶、每一次懇求，也常常遭到這樣的拒絕：這種拒絕委婉，但是又非常明確。

每到這種時候，我都會告訴自己：你該放棄了。然後我都會表示理解，拿出我最後的風度來。

我從未想過，這種定局，也是可以扭轉的。

Chris 想了想，非常認真地回答：「這個人穿的褲子一定非常講究。」

所有面試官都被他的機智、積極和堅定打動了。

他展現出了足夠好的特質，很多人都不具備的特質：在逆境中仍然保持積極向上的努力，以及打趣自己的樂觀態度。

後來，我每次遇到感覺做不到的事情時，都會問自己：還有別的辦法嗎？還能再努力一下嗎？是不是還有一點希望呢？

我很希望，自己的樂觀和向上能夠取得像 Chris 一樣的成功。

<u>積極面對是最好的法則</u>

在爭取到這個面試機會前，Chris 已經付出了一般人難以想像的努力。他每天都拎著 40 磅的儀器，守在金融公司的門口，哪怕面試官並不理他，他也執著地跟隨，哪怕需要硬擠上面試官坐的計程車。

我非常想成為 Chris 這樣的人，你從他身上看不到自卑，也看不到自暴自棄，你只會看到他的勇氣，他像個堅定的勇士一樣，一直前進。

哪怕現實給他再大的打擊，哪怕他並沒有好的背景，他也不會因此而自卑。他永遠在積極地爭取，障礙對他來說，也只是需要克服的對象。

永遠保持正向思考

有一位教育學家，他關於教育的理念與眾不同，但當他拜訪學校時，卻沒有哪所學校願意接受他的理念，於是這位教育學家開始籌辦自己的學校。他找到自己的朋友和親戚，讓他們幫助自己去募集資金。募集資金的工作非常不順利，一段時間之後，他的一位朋友告訴他：「放棄辦學校的想法吧，我去拜訪的人當中十個有九個都不願意讓我把話講完，我們是不可能募集到足夠資金的。」聽了朋友的話，這位教育家並不沮喪，他從另一個角度分析了朋友的話。

他說：「我們現在碰到的情況正如你所說的一樣，十個人裡有九個都不願意聽完我們的介紹，但是從另一方面看，這個情

況說明十個人裡就有一個人願意聽完我們的介紹，所以我們需要的就是拜訪更多的人，這樣我們就能獲取更多的支持。」

如果我們能夠像這個教育家一樣，始終保持正向思考，我想，這個世界上能夠難倒我們的事情，一定會少很多。

● 使人際關係變好的祕密

祕密1：發自內心地關心別人，會讓別人更喜歡你

我曾讀到過關於羅斯福（Franklin D. Roosevelt）故事。

每一個見過羅斯福總統並有幸和他交談的人，都會對他淵博的學識感到驚奇。有人曾經這樣說過：「無論是一個普通的牧童或騎士，還是政客或外交家，羅斯福都知道應該跟他說些什麼。」這是為什麼呢？答案很簡單，因為在接見來訪的客人之前羅斯福都會對對方加以研究，會在對方來到之前準備好那位客人喜好的話題，並且知道對方特別感興趣的事。

羅斯福跟其他具有領袖才幹的人一樣，他知道：進入人們內心的最佳途徑，就是對那人講他知道得最多的事。

前任耶魯大學文學院教授「費爾浦司」這樣描述羅斯福：「在我8歲的時候，某個週末的星期六，我去姑媽家度假。那天晚上有位中年人也去我姑媽家，他跟姑媽寒暄後，就注意到我。那時我對帆船有極大的興趣，而那位客人談到這個話題時，似乎也很感興趣，我們談得非常投機。

「他走後，我對姑媽說：『這人真好，他對帆船也極感興

趣。』」

「姑媽告訴我：『那人是位律師，照說他對帆船不會有興趣的。』」

「我問：『可是他怎麼一直說帆船的事呢？』」

「姑媽對我說：『他是一位有修養的紳士，所以才找你感興趣的話題，陪你談論帆船。』」

」即使是個小孩子，羅斯福也願意去迎合他。說明他並非出於功利心（他能從這個小孩子身上得到什麼？），而是自然而然的習慣。」

那麼羅斯福受人愛戴就是理所當然的事情了。

維也納有一位非常著名的心理學家，他寫過一本書，書名是《生活對你的意義》，那本書有一段話是這樣的：「一個不關心他人，對他人不感興趣的人，這個人的生活必遭受重大的阻礙，同時他會給別人帶來極大的損害和困擾。所有人類的失敗，都是由於這些不關心他人的人發生的。」

詢問他人，了解他人，對他人感興趣，你會發現別人也會對你產生興趣。這裡有一個很好的切入點，就是在你和他人交流，或者與他人初次見面的時候，多多詢問他人最在行的事情。事實上每個人都熱衷談論自己，尤其是自己的「當年勇」。

每個人都只關心自己，他們關心你一定也是因為你與他有關。人們不但對你我沒有興趣，對任何人都沒有興趣，他們無論早晨、中午、晚上，所關心的只是他們自己。

紐約電話公司曾做過這方面的調查，他們研究通電話時人們最常用到的是什麼字，這個答案非常簡單，那就是我們最常見的「我」字。這項調查的結果是，在五百次電話談話中，人們加起來用了 3,990 個「我」字。

你也是一樣的，當你看到一張有你與他人的合影時，你先看的是誰？

因此，想要他人對你產生興趣是很難的。但是你可以先關心他人，先對他人發生興趣，這是你和他人成為朋友的最好方式。你已經知道人們對自己是多麼看重，對自己的芝麻小事是多麼關心，因此，你可以藉由詢問他最在行的事情，撬開他的話匣子。事實上，這無比簡單。

從某種角度上講，關愛別人其實就是在關愛自己。因為在你關愛對方的同時，對方也會透過其他方式關愛你。這會拉近你們之間的距離，有時還會讓你們成為親密的朋友。對此，戴爾·卡內基（Dale Carnegie）曾說：「如果一個人真的關心別人，那麼他在兩個月內所交到的朋友，要比一個總想讓別人關心他的人在兩年內交到的朋友還要多。」所以生活中不妨學會多關心人、多愛護人、多體貼人，只有這樣，你做起事來才會事半功倍。

心理學家認為，人類這種高等動物從生命起源之初便蘊涵著情感細胞，在外界的某些因素刺激這些情感細胞後，人的內心深處會出現一種感激之情和行為上的「報答」現象。尤其是當你讓對方感受到你是真的在關心他時，他內心深處的感情負

債感就會加重。在這種負債感的驅使下，他會心甘情願地幫助你做很多事情。

在人際交往中，學會關心人多一點，你的麻煩便會少一點。因為你的關心會讓對方對你產生感謝、感激甚至感恩之情，所以以後當你有求於他時，即使他不喜歡或不願意答應你的要求，最起碼也不會成為你的絆腳石，有時甚至會對你網開一面。

從相對論的角度講，關心別人就是關心自己，因為只有你關心別人了，在你需要幫助的時候別人才會關心你，回報你。這種因為關心的互惠性產生的巨大影響，不僅展現在名人身上，日常生活中也隨處可見。

從心理學的角度來看，人際關係是很複雜的，當你平時的關心、鼓勵日漸匯聚在他人身上時，於對方而言，他的內心會產生一種不可言表的虧欠感，所以他會試圖透過各種辦法回報你。

如果碰上一個能夠回報你的機會，他們往往會毫不猶豫地行動。生活中的很多事情都是如此。當別人感覺到虧欠你並真心誠意地想幫助你、支持你時，你想推都推不掉；當你與對方沒什麼交情，而你又想向對方索取他也想要的東西時，對方幾乎不會將他喜歡的東西拱手相讓。即使你付出再多的物質或者金錢，也未必能如願以償。

祕密 2：在不影響原則的基礎上，不要太計較利益得失

人們常常因為投契與人交好，又因為利益與人交惡。有很多原本很好的朋友，或者事業上的合作夥伴，因為不願意吃虧，凡事計較而反目成仇了，這不僅使雙方都很不開心，失去了友誼和結盟，而且實際上也沒得到多少好處。原本是相互和睦地走到一起，結果因為一點小利益起了爭執而分手，實在是太得不償失了。

如果一個人總是占別人的便宜，不願意吃虧，不僅不利於個人發展，也容易把自己弄得很狼狽。從長遠發展來看，這種心態其實是吃虧的。當一個人把便宜占盡的時候，就會覺得再沒便宜可占，這時候他就會覺得自己總在吃虧，心中會積存不滿和憤怒——人都是貪得無厭的。這對自己也會是很大的傷害——時常地放手和給予，學會吃虧，你將獲得內心的強大。

只有學會放手，學會給予他人甜頭，才會慢慢變得豁達，人們才會更願意和你交往——喜歡占朋友便宜的人絕不會有什麼大出息，因為他的眼睛只看得到小利益。

祕密3：你如何對待別人，別人就如何對待你

有一條重要的定律是：你希望他人如何對待你，你就如何對待他人。如果你希望他人對你慷慨，你首先要對他慷慨；如果你希望得到他人的友誼，你首先要給予他人友誼。你先伸出手去，難道還愁沒有人來回應你嗎？

如果事事懷抱目的，心態就會變得激烈，因此當你給予他

人幫助的時候，也要注意這一點：不要事事想著回報，當你給他人幫助的時候，不妨讓自己變得豁達大度些 —— 不要在乎後果，至少你有了一個強大的心態。想要別人承認你的價值，那麼你的內心一定要強大，你要有一種自重感。如果你希望得到真實的敬佩，就要真實的強大。

這要從學會吃虧，學會不帶目的地幫助他人開始。從現在開始，磨練一顆堅強的不計較的心。

得到他人歡心的方式就是溫和對待他人，除了和顏悅色，還有真誠稱讚他人，永遠關注他人的優點，不要吝嗇去誇獎對方。要做到平易近人：這個詞用得太多了，人們反而不去關注它的意思。不如我們來重新理解一下這個詞。

平：放平你自己，把你和他人放在同一個地位上。不要居高臨下地看待他人。

易：使自己易於相處，寬容對待他人。

近人：多多親近他人，主動親近他人。

做到這三點，所有人都會喜歡你。

祕密 4：絕不評判別人

這裡所說的評判指的並不是自我判斷力，而是評判他人。

我們總是喜歡去觀察別人，觀察別人的生活，然後對別人做出評價：A 是一個愚蠢的傢伙，B 非常軟弱，C 虛榮心高於一切⋯⋯

也許你對這些人的評價是正確的，可是然後呢？

A 可能不聰明，但是他非常真誠，周圍的人都喜歡和他共事；B 非常軟弱，但是他的女朋友被他的體貼所感動，馬上就要結婚了；C 的虛榮心非常強是因為他小時候受到周圍人的歧視……

你了解這些人背後的故事嗎？你又剖析過自己嗎？

透過日常生活中的表現就對他人下定論，這是很莽撞的，很多時候你其實根本不了解一個人，你做的判斷只是基於日常生活做出的，結論武斷而膚淺。

其次，假設你對別人的判斷是正確的，那又能改變什麼？無論你判斷得如何準確，別人依舊按照既定的路線，走自己的路，做自己的事，沉浸在自己的世界中，不會有任何變化。

在你仔細觀察別人，給他人下定論的同時，你是否意識到其實自己也在其他人的視線當中，你周圍的人也在觀察著你？

觀察你的人也會覺得你非常可笑。或者說我們每一個人都有可笑的地方。但同時，我們每個人也都有高尚、可愛，或者卑鄙、可憎的一面。

既然這樣，那就沒有必要太過關心其他人的生活，各自過各自的生活。如果無法接受他人的性格與行為，那麼可以選擇遠離。

道理雖然是這樣，但是實際做起來總是比說出來要困難。

大部分人都懂這些道理，但同時依舊在試圖給他人下結論，包括現在在這裡寫文章的我，也是如此，同樣非常好笑。

不過能夠明白這個道理，我自己就會感到很快樂。

祕密 5：利益交換才是人際關係的核心

如何取得良好的人際關係？利益交換是非常重要的。

貧窮的人手中掌握的資源有限，能夠用做利益交換的資源不多，所以想要擴充套件自己的人際關係圈，就需要具備一些別人會用到的技能或者知識，透過這些來擴充套件自己的人際關係圈。大部分人際關係都需要利益交換才能形成，這種利益交換範圍很廣，從最簡單的幫忙搬家到公司上市融資，無一不是如此。

當然，這並不是說沒有利益交換的人際關係是沒有意義的，這種人際關係同樣有意義，只是關係的形式不同。

情商在現在社會越來越重要。情商指的是對自己和他人的情緒與理解掌控的能力。控制自己的情緒並不容易，這需要經過大量的練習，再加上適當的方法才能做到。而想要掌控他人的情緒，就需要學會從他人的角度來看待問題。那麼，如何做才能學會從他人的角度來看待問題呢？多和別人溝通，聊一聊對各種事情的看法，以及產生這種看法的原因，了解得多了，明白了他人的思維方式，很多問題自然就能夠從他人的角度來看待了。

● **永遠不要心灰意冷：你不知道未來有什麼在等你**

舊友 M 曾經是我的合作夥伴，我們在若干年的生意往來中逐漸形成了介於知己和朋友之間的關係。

M28 歲時毅然從法院辭職進入商海，這些年獨自在外打拚。事業有成的她，是我們朋友圈中常常被羨慕的對象。

如今她已年屆不惑，我知道，沒有結過婚，也沒有自己的孩子，一直是 M 心中最大的遺憾。

28 歲的時候，M 剛剛從法院辭職，她的行為被很多人認為是瘋狂之舉。當時和 M 已經談婚論嫁的男友極力反對她離開法院，男友的父母威脅說要是 M 辭職就讓他和 M 分手，結果 M 先決定分手。

那時 M 想的是：既然未來的方向不一樣，那麼誰也別耽誤誰。

到了 30 歲，M 還有很多人追求，那正是 M 的事業上升期，雖然 M 一直嚮往有一個家庭，有一個孩子，但是這種嚮往還是給事業讓位了。

每天忙得腳不沾地的 M 想：再等等吧，孩子什麼時候生都來得及。

就在這等待中，幾個忠實的追求者都轉娶別人。

到了 36 歲，M 在一次畫展上認識了 K，對方是 35 歲的大學教授，看起來斯文有氣質。本以為 K 會是自己的如意郎君。M 想：雖遲未晚，現在還來得及。

兩個人都要步入婚姻了，但是 M 的未婚夫出軌了。出軌的

對象是他自己的女研究生，那個女孩才 25 歲，她對 M 說：讓老師自己決定來選誰好嗎？

M 有心爭一爭，又覺得爭來的愛情不是真的。

M 經過幾夜的掙扎，終於決定再次放手。

36 歲之後的 M 頗為心灰意冷，直到 40 歲再也沒有遇到「合適」的人。M40 歲生日那天，是我和她一起度過的。

我們在全市最好的酒店訂了一個最好的位子，就著紅酒我們訴說著這些年的想法和感悟。望著腳下的車水馬龍，萬家燈火，M 對我說：「我這輩子最大的遺憾，就是沒有自己的孩子。婚姻從來不是我人生中最重要的事情，但是我真的非常想要一個自己的孩子。陪伴孩子長大是我能想像的最幸福的事。如果可以，我很願意拿我的全部事業去換。但是我想現在來不及了……」

這些年我見識過 M 的人前顯貴，也見識過 M 的人後落寞，而如此消沉的 M 我還是第一次見到。我不知道如何安慰 M。

因為 M 我是個「聰明人」，聰明人不需要安慰，她們什麼道理都懂。聰明人不快樂，有時也是因為太聰明瞭。

M 說：「算了，我已經放棄了。做個孤獨的女強人也沒什麼不好，至少聽起來很拉風。」

如果故事只到這裡，毫無疑問這是個悲傷的故事。

值得慶幸的是，在 M 獨自旅行的時候，在天津開往釜山的遊輪上，遇到了她的真命天子。

兩個人一拍即合，下了遊輪便確定了「嚴肅的戀愛關係」。

幾個月後結婚，一年後，M 終於有了屬於她的寶寶。

當我去探望 M 的時候，M 抱著寶寶對我說：「我從未後悔這些年始終堅持自己的意願，儘管在很多人眼中我是任性行事。我只後悔在 36 歲以後以為自己不會步入婚姻而產生的傷心失望。我很想回到過去告訴自己，不要傷心。你不知道未來有什麼在等你。」

這是一個關於「你不知道未來有什麼在等你」的故事。

M 毫無疑問是幸運的，不是所有故事都能有這樣的 happy ending。

除了你自己，沒有人可以給予你快樂

每個人都想知道怎樣才能快樂，每個人都在尋求快樂，事實上這無異於緣木求魚 —— 快樂是一種內心的感受，它來源於你的內心，它是任何人無法給予，也無法剝奪的內心情緒 —— 只要你想快樂，你就能夠快樂，它就藏在你的心裡。

總是不快樂怎麼辦？要強迫自己快樂

不要順其自然等待快樂來找你，要強迫自己快樂。如果你是獨自一人，就自己逗自己笑，吹吹口哨，唱唱歌，盡量讓你自己高興起來 —— 就好像你真的很快樂一樣。你以為行動應該追隨你的感受，事實上你的行動也可以帶領你的感受。強迫自己高興起來，也許真的管用。

永遠不要被孤獨打倒

在前行的道路上，我們很容易會感到孤獨。尤其現在很多年輕人，從自己的家鄉到大城市求學、就業。陌生的環境、陌生的人，遠在千里之外的父母和朋友，都會讓你感到孤獨。

偶爾感到孤獨是正常的。但是不要沉浸在這種情緒中。孤獨像霧氣，它會使你前進的路變得黯淡。

我的學生眾多，雖然我的工作很忙，但是我也會盡力去觀察和了解他們。其中有個女孩，引起了我的注意，因為她總是顯得特別落寞。別人聚在一起學習和實踐時，她一個人卻站在一邊。我看得出她很想融入，但是卻不知道如何融入。

後來我了解到，這個女孩 19 歲，沒有考上大學，獨自來到南部，機緣巧合進入我的學校學習。才 19 歲，一個人，確實是很艱難的。我想隨著時間的推移這種情況會好轉。

於是在我的課堂上，我會額外關照她。但是幾個月過去了，這個女孩仍然獨來獨往。

某天晚上，大家都在自習的時候，我把她叫出來一起散步。我們拉著家常走走停停，在說到她很想家的時候，我問：「為什麼你總是獨來獨往？」

她說：「我來到這裡，陌生的城市、陌生的環境，雖然老師的關心讓我覺得很溫暖。但是大多數時間裡，我總感覺到非常孤獨。我雖然很想交朋友，但我覺得我太孤獨了。」

我沒有安慰她，而是說了前幾天發生的一件事：「前幾天我們學校的一個班畢業了。我也去聚會現場看了一下，以前我都是參加女生的畢業前聚會，女孩子們在離別時都哭得一塌糊塗。這次參加男生的畢業前聚會，讓我很感慨。他們離別前還是照樣唱歌、講笑話，我感覺好欣慰。後來我看到我們的張華珍老師實在忍不住掉眼淚了，而我旁邊的一個男孩沒有哭，我問他：『你怎麼不哭？』他說：『我覺得我一個男的，在別人面前哭有點丟人，所以一直忍著。』我說：『對，你們是男子漢，不能像女人一樣，男兒有淚不輕彈嘛。』」

　　她聽得很認真，然後我繼續說：「我印象最深刻的，是送中級班的一個學生去火車站。在那個學生進站的瞬間，我的眼睛就溼了，那個學生對我說：『蔣校長，謝謝你。我永遠記得你。不僅因為你教會了我很多東西。最重要的是，在學校的這段時光，是我長這麼大最快樂的時光。我交到了這些好同學，好朋友。』然後這個學生一直說：『你們走吧，我看著你們離開。』但是所有送他的同學都沒有走，他們默默地站在那裡等著他上車。同學們也看出了他捨不得離開，其中一個就說：『兄弟，要不我們回去吧，再多待幾天。』一個女孩子當場就哭了，說：『也許這次離別就一輩子看不到了，因為大家都是來自全國各地的，想見無期。』這個女孩說完之後，所有的男生都忍不住掉下了眼淚。我以為男生在離別的時候是不哭的，現在我知道了，其實男生也是有感情的，也會哭。世上有兩種感情是最真

的，第一是生死相交的戰友情，第二就是同學情。」

我停了停，然後繼續說：「我們回來的路上，一個學生說，後悔去送他了，以為自己很堅強，孩子都那麼大了怎麼還會哭呢，早知道離別的場面是這樣就該讓別人去送他。其他的學生也都說：『我走的時候，大家不要送我，送我進電梯就好了，我怕捨不得走，讓我一個人走也許會堅強一點。』」

我看到她的眼淚出來了，我指著遠處燈火輝煌的大樓對她說：「你覺得自己很孤獨嗎？一個人在異鄉嗎？在這個地方，我們都是異鄉客，你看到的路上的人，80% 都是異鄉客。他們的故鄉都在幾百公里甚至上千公里之外。他們背井離鄉來到了這個城市，和你是一樣的，都是為了能飛得更高。你並不是一個人。」

她有所觸動，我接著說：「我們學校裡，有許多人是從很遠的地方來的，也許在學校，你們結成小夥伴，有了朋友和同學。但是從這裡畢業後，很多孩子又去了更遠的地方，小夥伴們又會天各一方。但是這些是孤獨嗎？也是，也不是。這些都是必須要付出的代價，這些都是為了讓你飛得更高，讓你的生命更精彩。你看，我不也是異鄉人麼？我的故鄉離這裡也很遠。你並不是一個人在孤獨啊。」

這個女孩的神情徹底變了，她臉上籠罩數月的陰鬱的表情逐漸退去。對啊，當我們感覺到自己在孤獨地受苦時，往往會感覺特別痛苦。

而當我們發現，自己並不是一個人，自己經歷的事情也絕非一個人的經歷，世界上有千千萬萬個人和自己經歷著一樣的經歷，感受著一樣的感受，那一刻，我們就會被治癒。

●你唯一的壓力，就是改變自己的壓力

很多年輕人都對投資感興趣。而這些年的經歷告訴我：投資什麼，都不如投資自己的魄力和勇氣。年輕人最大的資本，就是有機會試錯，如果在年輕時就瞻前顧後，這輩子可能出息不大。

你想做什麼，只要想好了，就去做。太多的猶豫和思考，只是浪費時間。

對於改變自己這件事，我在網上看到過一句話：「你唯一的壓力，就是改變自己的壓力。」

回想我自己的經歷也正是如此。

在我 20 出頭的時候，本來也是打算找個工作上班的。但是創業的理想一直在我的心頭，直到有一天，我突然停止瞻前顧後：

找個工作上班，我的一生就這樣了！

我為什麼不能做我想做的事情？

為什麼我就不能創業呢？如果我現在不邁出這一步，也許以後我就再也不敢了。

在我下決定的那一刻，我感到非常輕鬆。即使後來三度創

業，前兩次都不算成功，第三次也歷盡艱難，但我也從未後悔過。因為這是我內心的選擇。

我壓力最大的時候，永遠在下決定之前。

從未開始過，怎麼能說晚？

我小時候家裡並不富裕，做飯這件事一直是母親承擔的。我直到 29 歲，才學會自己做飯。在那之前，我頂多蒸個米飯、煮個泡麵，炒菜根本不會。

及至長大，吃食堂。總之，我安於自己不會做飯這件事。

有一天，我的一位女友請我去她家做客。我 11 點到了她家，她已經準備好所有食材，肉在鍋上，已經有八分火候；水果在盆裡，只差淋沙拉醬；蝦白灼一下就可以蘸汁吃，還有兩個炒菜和已經煲了兩個小時的靚湯。

所以從我進門開始算，20 分鐘工夫，所有的菜都上桌了。我一邊吃，一邊嘖嘖驚嘆，內心湧起了羨慕的情愫。

我說：「真羨慕你，你好能幹。我要是像你一樣，現在也不至於經常吃泡麵。」

我的女友平日是個溫柔謙和的人，但是聽到我的話，第一次露出了不屑的情緒：「你只是沒有嘗試過。我從十幾歲開始學做飯，真正上手很快的啊。」

我訕訕點頭：「小時候沒學，現在學有點晚了。」

朋友搖搖頭：「從來沒試過，又怎麼能說晚？」

然後我們就開始說別的，說工作，說生活，說煩惱。

在度過了愉快的一下午後，我獨自回家。走在路上，心裡卻越來越不平靜，我漸漸意識到朋友說的可能是對的。

從來沒試過，又怎麼能說晚？

朋友的話雖然簡單，但卻意味深長。我意識到：雖然不會做飯這件事給我帶來了不少麻煩，也讓我覺得遺憾，但是我卻如此心安理得，從未想過改變。

回家以後，我第一次下單買了一本圖文並茂的菜譜。從切菜、煮湯開始學，一開始只做點兒清炒菜心、番茄炒雞蛋之類簡單的菜，不過我發現只要掌握了火候和鹽的計量，很難做得難吃。第一次做番茄炒雞蛋的時候，雖然雞蛋有點煳，但是比外賣新鮮美味，我一邊吃一邊讚美自己：你真有天賦！

從「不會做飯」到「有天賦」，我也只是邁出了第一步。

在學會炒簡單的菜之後，我又開始進階，邁向馬鈴薯燉牛腩、紅燒肉之類的硬菜。

現在我對這些菜餚，簡直信手拈來。

我現在才明白，很多事不是你做不好，也不是太晚了，而是你根本沒有開始做過。萬事開頭難，創業、工作、學習、做菜、修理器械，無一不是如此。

雖然學會這些能夠給我滿足感，但是滿足感卻是需要付出努力來獲得的，而我之前卻不想付出努力。

很多人都和我一樣，簡單地給自己下定義：我做不了；太晚了。

然後就心安理得地不去付出時間和精力。就算把時間花在肥皂劇或無意義的社交上，也不願意花時間解決一個簡單的問題。

現在開始，給予那些你從未開始過的事情一點時間。

現在已經晚了？不不，你從未開始過，怎麼能說晚？

●厚積薄發，才是真道理

「蔣校長，工作真的太難了！」林飛蘭對我說。

林飛蘭是 2014 年從妮薇雅畢業的學員之一，她畢業以後，幾次求職都碰壁。

於是她找到我，希望得到我的幫助。

我有點驚訝：「不應該啊，我們的學員走出去，都是很好就業的。」

她說：「是啊，我應徵的時候跟老闆說了，我是美容美髮專業學校出來的優秀畢業生，技術非常好的。但是找了好久才找到一家願意用我的大理髮店。但是工作的時候，老闆卻不讓我做髮型師，只讓我做助理，而且同事們對我態度也不好，常常諷刺我是正規院校出來的高材生，他們比不了。」

我說：「剛開始你可以說是毫無優勢，因為沒有髮型師的實踐經驗。同樣，也可以說你是優秀人才，因為妮薇雅不僅僅教了你怎麼做髮型。現在的大店基本都有技術一流的髮型師。你初出茅廬便強調自己的專業，這樣其他同事會對你心存芥蒂，

在工作上就會刁難你。甚至老闆也會覺得你過於爭強好勝，對你有疑慮。你可以先從助理做起，不要看不起助理這個職位，它可以讓你迅速地了解店鋪的經營狀況、客戶群體以及營運流程。把店了解透澈，和同事搞好關係了，再展現你的專業實力，先處理好職場關係，再厚積薄發就是這個道理。」

她聽了我的話以後，再去美髮店應徵時就沒有過多強調她的專業學習經歷，只是應徵了一個助理的職位，這當然是勢在必得的。

助理的職業生涯開始了，她一邊遊刃有餘地做著助理的事情，一邊用心地觀察店鋪的每一個地方。儘管某些時候她會覺得別的髮型師的技巧不如自己，但她依然堅持認真做自己助理的工作。每次店裡的髮型師討論專業技能的時候，她總是在一旁安靜地聽。

是金子總會發光的，而問題在於什麼時候才能被人發現，關鍵就是要善於抓住機會。

直到有一天，店裡的師傅出差學習去了。店裡來了一個客戶，拿著一本雜誌，指著雜誌上的女星說：「我想剪這個髮型。」

當時客戶拿的是一本時裝雜誌，那些模特兒的髮型本來就是為了貼合設計感而做的，也只是拍一下照就完事，後期還會有修飾、吹風、定型，現實中僅僅靠剪髮是做不出來的。

看到這個髮型，當值的髮型師連忙搖頭，說不會剪。

　　顧客很不高興：「你們店這麼大，怎麼不會剪這種髮型？」當值的髮型師是年輕人，不知道怎麼處理，所以只能呆呆地站在那裡。

　　她趕忙打圓場：「小姐你選的這個髮型確實是最新款式，你真有眼光。讓我試試吧，我會剪。」

　　說起來她也真是有勇氣，那個髮型其實就是變相的波波頭，下側加的波浪捲。

　　她當然不會剪，單獨的波波頭和各種波浪捲她都會，但要組合在一起，並且要做得好看，她可不會了。但是機會來了，只能試試。

　　她細心觀察客人的臉型和衣著，客人臉型較胖，而波波頭會更顯得臉大。怎樣才能達到最佳效果呢？

　　對了，波波頭可以做長一些，波浪就放在齊肩的位置，這樣既符合客戶的要求，又可以讓客人的臉顯得比較瘦。

　　最後髮型做好了，客人照著鏡子自言自語：「你做得和雜誌上好像不太一樣，不過還是挺好看的。你叫什麼名字？」

　　她說了自己的名字 —— 林飛蘭，她心裡很高興，這是第一次被認同。

　　第二次客戶再來，直接就說：「我找林飛蘭給我做頭髮。」

　　當時老闆恰好也在，很疑惑：「林飛蘭是本店的助理啊，怎麼你要讓她給你做頭髮？」

　　客戶對老闆講了那天的事，老闆開始對林飛蘭刮目相看。

這一次客戶的要求和上次一樣刁鑽，但是她又出色地完成了任務。

老闆驚訝的同時，提拔她做了髮型師。在成長的路上，我們需要的就是這一點耐心，操之過急是不行的。

在未來到來之前，你應該學會什麼？

你永遠不知道未來有什麼在等你。不過，未來有相當程度上，是由你的雙手創造的。你的種種選擇和行動，都會在未來發揮出作用。

在未來到來前，我想和你們分享一些東西，是我們學校老師的語錄。

在我的學校裡，有一位陶老師非常受學生們愛戴。大家讚美陶老師「德藝雙馨」，在教給學生知識的同時，也教給了學生很多做人的道理。後來一個學生畢業之前，整理了一份《陶老師語錄》，我看了也覺得很受啟發，放在這裡，和大家分享。

1.關於簡單和複雜：簡單的事情不要複雜化，複雜的事情簡單做。凡事不要想得太複雜，將來的事情將來做，現在的事情現在做，簡單的事情反覆做。

2.關於放縱：對自己不要太放縱，越放縱就越容易迷失自己。失去了方向，你就會一事無成。

3.關於認可：當別人不認可你的時候，說明你還有不足之處，需要去改變並且完善，提高自己的知識水平，鍛鍊自己的語言組織能力以及表達能力，不斷提高自己的含金量。當別人

認可你的時候，你提出的意見或建議就會被人採納，這就是好事，說明你成長了、進步了，更說明你能力提升了。

4. 關於嚴謹：在學習中，更重要的是在工作中，必須要百分百達到標準，絕對不能有模稜兩可的答案。「像」「好像」「大概」「也許」「差不多」「可能」，這樣的詞語絕對不允許出現在你們的腦海裡，因為標準只有一個。如果每次都差不多，最後就會差很多。我們做事的時候，要麼不做，要麼儘自己最大的努力做到最好。敷衍了事，不如不做。

5. 關於選擇：人生有很多選擇，但是一旦選擇了就必須堅持下去。不管多苦多累，一定要披荊斬棘，勇往直前。昨天你們放棄了曾經選擇的那個行業，今天又放棄了這個行業的話，就會形成惡性循環，你永遠是在選擇又總是在放棄。既然選擇了，就要堅定自己的信念，努力走好自己選擇的這條路，哪怕是跪著也要繼續走下去。最重要的，是要學會處變不驚。冷靜，沉著，用最平常的心態去面對，而不要衝動地去抉擇，這樣無論什麼事情都能做到臨危不亂，困難也會迎刃而解。

6. 關於溝通：做事之前，溝通是最重要的。你如果不能清晰地理解別人的話語，你所執行的任務就有錯誤的可能；你如果不能清楚地表達你的意願，更可能會出現錯誤。

7. 關於目標：做任何事情都必須確立目標，並且要有計畫地完成。嚴格約束自己，若對自己放縱，就會越發放縱自己，最後連自己該做什麼都不知道了。這樣的話，你浪費的不僅僅

是時間、金錢，還有青春，甚至生命。你們來到學校的目的是求學，目標是將來創造更好的生活，所以你們一定不要忘記自己的選擇，更不要忘記自己的目標與追求。

8. 關於責任：人的一生不可能只為自己而活，還有家人與朋友。比如說，我的家人身體健康，我的小孩學習成績好，我的朋友時刻惦記我關心著我，我才會快樂。這樣，我就有一份責任。我要提高自己的技能，儲備自己的能量，為家人營造一份溫馨的家庭氛圍，為小孩創造一個良好的學習生活環境，與朋友分享我的喜怒哀樂，這就是我的責任。你們也一樣，都有屬於自己的責任，你們該怎麼做呢？

9. 關於老師和學生：當我還關注你時，才會留意你的表現。當你做錯的時候，我對你吵也好罵也罷，說明我還關心你，不想放棄你，因為我希望你成長。當我放棄你時，你的好與壞、成與敗都不會太牽動我的心絃。

10. 關於野心：有野心是很正常的，每個人都應該有野心，也必須有野心，做事才會有動力，相反，沒有野心的人是絕對不會成功的。

11. 關於心態：一個人必須要有一個良好的心態。心態決定性格，性格決定命運，所以你的心態決定了你的命運。做事之前，永遠不要說自己做不到，因為你還沒有去做，怎麼知道做不到呢？只要你有決心、有毅力，並且能持之以恆，就一定能做到。世上無難事，只怕有心人。做事之前，也不要吹噓自己能做

得多好，因為你不可能預知未來，不知道結果是什麼樣。別人看重的是結果，而不是嘴巴虛構的完美結局。一個聰明的企業老闆，看重員工的絕對是心態。員工的行動與能力掛鉤，能力有限還可以再培訓、再鍛鍊，但是心態不好的話，是培養不出來的。

12. 關於現實：社會是現實的，愛情也需要麵包，而麵包又必須用錢才能換回來。若沒有物質基礎，解決不了溫飽，整天為油鹽醬醋吵吵鬧鬧，再相愛的人，再深的感情慢慢地也會淡了、散了。所以，你們現在一定要努力學習，有了能力，才會有經濟基礎（麵包），也才可能迎來並且固守愛情。

13. 關於行動：我們不僅要言，而且還要行。只有你說出來並且做出來時，才能認識到自己的不足，才能明白哪些需要改善。若是只說不做，永遠不知道做的結果是什麼。所以，你們平時一定要多練習，哪怕是最簡單的技術，也必須要多練習，熟能生巧。

14. 關於平臺：你選擇的高度決定了你發展的深度，你選擇的平臺跟你的未來有密切的關係。若是你今天選擇了一家不規範的企業，你會受其影響，你的技能以及管理能力提升的空間有限，你未來的發展也會有限；若是你今天選擇了一家管理規範、技術一流的企業，你會清楚地認識到自己的不足，技能與管理能力等綜合水平提升的空間會很大，對你未來的發展也會有很大幫助，你達到的高度也就會更高。所以，你們今天選擇什麼樣的平臺，非常重要。

第六章

悲傷的告別：與內在的「痛苦之我」對話

「痛苦之身」是每個人內心痛苦的根源，是藏在每個人內心的隱蔽的枷鎖 —— 你察覺不到它的存在，但是它實實在在地束縛著你，給你帶來痛苦。

●痛苦之身：你內心的隱蔽枷鎖

一天，我接到了好朋友 A 的電話。她在電話那頭放聲痛哭，卻不說原因。

我決定去見見她。於是在這天傍晚，我到了她家樓下的咖啡廳。

A 今年 29 歲，很漂亮，但是這時的她看起來非常憔悴。點了一杯咖啡後，她開始對我傾訴她的婚姻生活。我一直認為她丈夫 B 是個非常和藹、文靜、認真負責的人，兩個人結婚 3 年，看起來是所有朋友中最幸福的一對。

但是她卻對我說，其實她感到非常痛苦，因為她覺得她並不了解自己的丈夫，甚至她覺得他有時非常陌生。

事情是這樣的：A 和 B 還沒有生育，兩個人領養了一隻流浪狗，這隻狗的身體非常弱，常常生病，兩個人都對它很好。

　　昨天晚上，B 在餵小狗罐頭的時候，小狗興奮地撲過來抓傷了 B。B 很生氣，追著小狗打。

　　A 大喊：「算了吧！跟狗較什麼勁！」

　　因為小狗兩個月前從樓梯上摔下來骨折過，A 非常擔心丈夫追得太緊，會使狗再次受傷。

　　但是 B 不聽，所以 A 撲過去攔住他，推了他一把。

　　B 大怒：「我還不如一隻狗是嗎？我在你眼裡還不如一隻狗！」

　　然後兩個人開始爭吵。

　　我聽到這裡覺得沒什麼，只是 B 敏感了些。

　　但是 A 接下來說的話讓我驚呆了：

　　後來兩個人吵得太厲害了，B 急了，拿出剪刀指著自己的嘴巴說：「我把舌頭剪掉，我不再說話了！『你們』是不是就樂意了？『你們』想看的是這個嗎？」

　　這種過激行為把 A 嚇壞了。

　　但是 A 繼續說：「這只是我們生活中非常常見的一次爭吵，其實我們隔三差五就會為了雞毛蒜皮的事情爭吵。他的內心非常脆弱，也很容易被激怒。但是他顯示出來的方式特別奇怪，他會大喊大叫，他常常用的詞是『你們』。」

　　「你們？」我聽到這裡感到很奇怪。

　　「對。他說的是『你們』。每次吵得特別激烈的時候，他就會用『你們』指代『你』。他常常說的是：我知道『你們』都

瞧不起我！當他懷疑我背著他做什麼的時候，他也會說：『你們』偷偷摸摸幹什麼了？」

呵，我繼續問：「那什麼時候最容易出現這種情況呢？」

A想了想，說：「有次我們剛剛搬了新家，沒有錢買太好的家具家電，於是我和他商量好，先裝修買家具，家電可以一樣樣地買。但是房子裝修好沒兩天，他媽媽就派人把電視送到了家裡，是他媽媽已經付款的 60 吋的索尼電視。我很高興，但是他非常不高興。我勸他接受他媽媽的好意，但是他卻生氣了，對我說：你要你要！你帶著電視一起找我媽去過日子吧！」

我說：「為什麼他這麼生氣？」

A說：「可能是覺得媽媽對自己太好了，心感愧疚？但是並不像啊，他的反應不像愧疚，更像憤怒。我也不明白他的心理，如果是我的媽媽給我買電視，我會非常高興地接受的。」

我若有所思地點點頭，問：「那他爸爸和他關係如何呢？」

A說：「還可以。但是他家主要是他媽媽做主，他爸爸不管事情。從小到大，他的一切都是他媽媽包辦的，但是他和他媽媽的關係並不好。每次從他父母家出來的時候，他都悶悶不樂。另外，他和他媽媽起衝突後，很愛發脾氣。雖然他已經 32 歲了，但是還常常會和他媽媽起衝突。」

我對 A說：「你可以回去耐心觀察下他的行為，觀察他什麼時候會非常憂鬱。還有去查查他小時候的事情，可以和他聊天，或者和他媽媽、他姐姐、他的朋友聊天，聊聊他小時候

的事情。注意，當他談到他媽媽的時候，你可以引導他多說一點，比如小時候他和媽媽相處得如何，還有他媽媽對他的看法是什麼樣的。如果你們再吵架，你要保持冷靜，其實這並不是個簡單的問題，他有很嚴重的心理問題，你需要幫助他解決這個問題。」

Ａ答應了。

痛苦之身是每個人內心中的隱蔽枷鎖

大概過了一個月，Ａ又與我見面。

她說：「這一個月裡，我盡量避免和他爭吵。但是那天和他去他父母家，吃飯的時候他媽媽提到他小時候，說他小時候特別笨，什麼也學不會，遠遠不如他姐姐。又說到他的第一份工作，還是他媽媽給他找的。整頓飯他都默不作聲，回家的時候他陰沉著臉，開車的時候甚至露出咬牙切齒的表情。

「回到家以後，我勸他不要生氣了。他卻哭了，他說：『我知道我什麼都做不好，『你們』來決定吧。你們想要讓我成為什麼樣的人，你們就說吧。你們來命令我吧。然後他就不停地重複這句話。

「我有一種感覺，那就是，其實和我說話的人，不是他，而是一個小孩子。或者說，那個是童年的他。後來我旁敲側擊地調查他小時候的事，才知道，他小時候過得並不開心。他的姐姐比他大４歲，非常聰明優秀。和其他重男輕女的父母不同，

他的爸媽一開始沒有想要二胎，他是個意外。所以當他出生以後，爸媽並沒有對他特別優待，反而怕他嬌氣，常常以他的姐姐為標準去要求他。

「他是在和姐姐的對比下長大的。雖然他有很多優點，但是確實不如姐姐聰明，姐姐常常考第一名，而且性格也非常活潑，這一點很像他的媽媽。他從小非常聽話，小時候的事情都是媽媽包辦的。他上哪所大學，學什麼專業，畢業以後在哪個公司工作，都是他的媽媽決定的。

「他現在的工作是自己找的，其實除了第一份工作，後來的工作都是他自己找的，他的工作能力也非常出色，但是他並不認可自己。他始終對自己的第一份工作是媽媽找的這件事耿耿於懷。他對我說，其實他不想去那個公司，但是他媽媽一直要求他，他就去了。同意去上班的那天晚上，他非常沮喪，認為自己非常沒用。後來他常常對我說的也是：他是個沒有用的人。即使他現在事業有成，他也常常說自己沒有什麼用。」

我說：「我明白了。那是他的『痛苦之身』。」

A說：「什麼是『痛苦之身』？」

我說：「『痛苦之身』這個名詞，是劍橋大學的研究員艾克哈特‧托勒（Eckhart Tolle）發明的。『痛苦之身』是每個人內心痛苦的根源，是偷偷藏在每個人內心的隱蔽的枷鎖——你察覺不到它的存在，但是它實實在在地束縛著你，給你帶來痛苦。

「世界上絕大部分人，在自己的整個人生中，都背負著不必要的痛苦。

「痛苦之身，由怨恨、自卑、敵意、愧疚和後悔組成，一個人過去的經歷，尤其是幼年到青少年期間的不開心的經歷，會在內心形成一個痛苦之身。人的本性是使過去的情緒和情感持續存在，痛苦之身要繼續存在，就必須抓住過去不愉快的經歷，它是由很多的負面情緒組成的，它會使人們加強自己對負面情緒的心理認同。

「最後，痛苦之身成了每個人負面情感的集合體，它同時也是負面情緒的能量場。

「痛苦之身的存在，就好像身體中的另外一個你，但是它更強大，常常會取代真正的你，它也更狡猾。

「痛苦之身，以痛苦為食。

「痛苦之身需要不斷地吸收痛苦，所以它常常會在人們的身體裡作祟，痛苦之身的存在需要食物 —— 負面的能量和痛苦的情緒。痛苦之身，本身是對痛苦的上癮。它像身體裡的一個裝置，定期就要尋求一些負面的情感，同時也在尋找不幸。每個人身體裡都有一個痛苦之身，只是有的人痛苦之身很小，它剛剛冒頭，就會被意志力和樂觀所壓制；而有的人，他的痛苦之身更強大，會占據人的意識和思想，形成暴躁、過激和憂鬱的情緒。」

A 想了想，恍然大悟：「所以他的身體裡，其實有一個強

大的痛苦之身。所以他才會那麼容易暴躁！形成這個痛苦之身的，就是他小時候的經歷，他不被認可的童年。所以他在和我說話時，他說的『你們都瞧不起我』，其實是痛苦之身在說話！是痛苦之身在怨恨小時候沒有人瞧得起他。」

我說：「對，就是這樣！長久以來，他都在壓抑自己的情感——自己被認可的需要。長大後的他表現得非常懂事，但是他並不開心，因此他的壓抑就更促成了痛苦之身的強大。他的痛苦之身始終存在，他的痛苦之身，就源自於他童年和母親的關係以及他小時候不被認可的經歷。在他成年後，明明有了能力，卻還要聽母親的安排。雖然這件事已經過去很久，但是卻加重了他的無力感。

「痛苦之身在這時已經非常敏感和強大，所以一件小事——他媽媽給他買了電視，他也覺得是對自己的侮辱、炫耀和示威。他會先把這件事理解為一種侵犯行為，繼而痛苦之身會讓他更覺得自己沒用。」

A 點點頭說：「那他真的太可憐了。他其實在被自己的痛苦之身矇蔽。我該怎麼幫助他？我能夠幫助他嗎？」

我說：「可以，雖然很難，但是知道了原因，就好辦了。了解痛苦之身，正是解除它的枷鎖的第一步。」

●有的東西，只是看上去很可怕

我對 A 說：「我們來上一節有關痛苦的課。」

當痛苦來臨時，我們很容易會被擊倒。

我們一開始拒絕接受現實，隨即意志消沉，企圖討價還價，最後我們不得不接受事實，痛哭流涕，任由痛苦折磨我們。

在真正的痛苦面前，我們是這樣渺小和脆弱。

看別人受苦很容易，覺得別人的困境是很容易克服的。只有當我們自己也陷入痛苦時（即使我們所遭受的痛苦在別人看來「沒有那麼嚴重」），它才能讓我們真切地感受到它的威力。

因為我們面臨的痛苦，並不是事件本身，而是我們內心的痛苦之身。

痛苦之身，使我們畏懼痛苦，放大痛苦，同時將我們的想像加諸這個事件上。

就像一棵普普通通的樹，夕陽下山的時候，它的影子會變得很長。影子再長，也不是真實的；痛苦再真切，它也遠沒有看起來那麼可怕。

因此首先要做的，就是抽掉我們內心的痛苦之身。

我在紙上寫下：痛苦之身的特徵。

本性 1：非常負面，拒絕正面的想法

痛苦之身，其實是以不幸為食、對不幸上癮的我們內心的某個怪物。

痛苦之身的存在基礎是：拒絕正面的想法。

任何正能量的思想對它來說都是不可接受的食物，所以它只會對負面的想法感興趣。

我們從自己身上發現痛苦之身難度很大，需要很強的自制力才能察覺到它。

相對來說，我們發現別人身上的痛苦之身要更容易。

想一想，你最親近的人是誰？你最了解的人又是誰？他們通常會因為什麼事情變得痛苦或者憤怒？他們痛苦和憤怒的時候，會說些什麼、做些什麼？他們首先想到的是什麼？不願放棄的又是什麼呢？

在中國，我的觀察是：女性的痛苦之身普遍比男性要強大，並且發作更頻繁。

因為女性的痛苦之身，是歷代累積下來的。從小女性就被灌輸「女子不如男兒」的思想，即使重男輕女的現象減少了，但是它仍然存在。如果讀這本書的你是個女孩，你可能不止一次聽到過這句話：養女兒有什麼用？

這句話往往還來自於非常疼愛你的父母。

身為女性，即使是最被疼愛的女孩，也常常會發現身邊那些眼光 —— 包括父母的眼光 —— 是讓自己感到不自在的。

在大多數父母虐待子女的案例中，親生母親虐待女兒的案例要遠多於親生母親虐待兒子的案例。因此，虐待和仇恨的來源，都是痛苦之身對自身性別的仇恨和痛苦。

本性2：易被觸動，常因一些小事而觸發

痛苦之身可以由最微小的事情觸動，一旦開始就不想結束。

也許是別人說的話，也許是別人的一個小動作，也許是你內心的一個想法，甚至是電視上的一個廣告，都有可能觸動痛苦之身。

痛苦之身可以由最微小的事物觸動，一旦開始，它就好像飢餓的蛇從冬眠中覺醒，迫不及待地覓食。

痛苦之身唯一的食物就是痛苦，一旦開始進食它就不想停止。你的思想可以在短時間內變得極端、負面，你看待別人和事物的眼光也會因此而改變。就像B那樣，在晚飯時，他母親的話觸動了他的痛苦之身，使他被負面的回憶和思想纏住了，從而看待他妻子的眼光也隨之改變，他會把妻子當成假想敵，當成過去的他媽媽以及所有不認同他的人的集合體。

本性3：痛苦之身同時需要加害別人

痛苦之身既貪婪又可怕，它不僅以你的痛苦為食，也以他人的痛苦為食。

當你被痛苦之身控制時，你就會想傷害別人，這就是為什麼有的時候，我們看到別人因我們而痛苦，不但不感到愧疚反而會有快感。

A對我說：「我小時候，是很聽話的孩子，但是有一天，我第一次和媽媽大吵，並且把電腦摔在了她面前，她吃驚地看著

我，淚水流了下來。我看到她哭了，稍微有點愧疚，但是這種愧疚感很快就被一種快感取代 —— 我感到前所未有的暢快。」

A 沉浸在回憶中：「以前我一直以為，我之所以會感到愉快，只不過是因為我循規蹈矩了太久，偶爾發洩一次很開心。但是現在想起來，看到別人痛苦，就會讓我暢快，或者說，讓痛苦之身暢快。」

我點頭說：「對的，痛苦之身喜歡看到人痛苦。痛苦之身喜歡扮演加害者，也喜歡扮演受害者。很多人總是覺得自己是受害者，稍微不如意，就認為他人對不起自己、他人在害自己，其實都是痛苦之身在作祟。」

本性 4：被痛苦之身控制的人其實被無意識狀態支配

當你覺得痛苦時，其實是痛苦之身在作祟。

當你想要傷害別人時，也是痛苦之身需要透過傷害別人來獲取能量。

當你覺得自己是受害者時，其實是痛苦之身需要你是受害者。

我說：「所以，當我們陷入無名的痛苦時，是在被痛苦之身控制。此時的我們，近乎無意識。和你吵架，B 也很傷心，但是他從來不會主動停止，即使你看起來非常傷心。因為痛苦之身需要這樣做。」

A 嘆息著說：「聽起來太強大了。」

●發現它，承認它，認識它

我對 A 說：「打敗痛苦之身的唯一方法，就是認識它、覺察它。在被它控制的時候看到它，就能使它變得弱小。」

A 反應極快：「被看到的同時就被改變？聽起來像是某個物理學理論。也使我想起《哈利波特》電影裡的那個妖怪 —— 博格洛，它會察覺你最害怕的事物，然後變成它。唯一能打敗它的是不被恐懼控制，面對它發笑 —— 那會使它困惑。」

我說：「聰明的類比。說起來《哈利波特》裡面有相當多的對現實世界的隱喻。嗯，痛苦之身就是人類世界的博格洛 —— 面對它的時候首先要察覺它，但是不要被它控制。它看起來很強大，但是它除了讓你痛苦，沒有什麼實際的力量。」

A 說：「只要我不願意被它控制，它就沒辦法傷害我。」

我說：「對，所以你也要幫助 B。告訴他，什麼是痛苦之身，幫助他洞察自己的痛苦之身，尤其是他被痛苦之身操控的時候。同時，你也不要被你內心的痛苦之身所影響 —— 這可並不容易。」

A 帶著深思興奮地離開了，雖然現在的情況仍然黑暗，但是她已經找到了脫離黑暗的方向。

我在咖啡桌上開啟了筆記本，繼續分析痛苦之身。

●開啟枷鎖的鑰匙在哪裡？

剛開始接觸「痛苦之身」這個詞時，我們很容易犯的一個錯——事實上，知識水準越高的人，越容易犯這個錯——就是把這個詞當做故弄玄虛，當做人為編出來的一個嚇唬人的詞兒。

我們很容易把那些從未接觸過的、非嚴肅科學的理論，當做虛張聲勢，當做對我們的冒犯，從而產生牴觸的情緒。

不僅是痛苦之身，我們還容易對一些佛教的用語產生牴觸，比如「受害者」「本我」，然後把它劃入我們不感興趣的理論範圍。但是你一旦開始接觸「痛苦之身」這個理論，不懷任何牴觸和預設去理解它，你就會發現自己心靈世界的新天地，至少是你以前從未關注過的。

我第一次看到「痛苦之身」這個詞，是在網路上的某篇文章中，當時我覺得有點好笑——心理學家們為了展開工作也是不遺餘力，但是我仔細看了幾頁，就大吃一驚。

痛苦之身絕對是我們每個人的必修課程！了解它，才能不被它控制。

我感覺，就像我過去不知不覺間一直帶著一個無形的枷鎖在生活。但是現在，我忽然第一次看清楚了身上有枷鎖以及枷鎖的形狀。

只有你了解你的內心，了解你的潛意識，你才不會被它控制，才不會被它影響你的行為、決定你的幸福。

沒有任何人和事能影響你的幸福，除了你自己和你自己也不了解的內心深處的某個角落。

痛苦之身讓我們失去判斷力

痛苦之身會扭曲你對現在的人生、正在發生的事情的看法。

美劇《陰屍路》中有一個情節：大反派總督把刀架在了農場主的脖子上，戰鬥一觸即發，而戰鬥一旦發生，對所有人都沒有好處。當主角瑞克勸說總督，告訴他自己願意妥協，願意把最好的條件讓給總督時，總督有一瞬間被說動了，但是很快他又變臉，說：「騙子！」然後砍下了農場主的頭。

我覺得這是個非常有趣的細節，我對這個細節反覆揣摩。

總督的這個行為最終使他付出了生命，而在當時，其實瑞克沒有騙他。但是痛苦之身在他的耳邊細語，扭曲了他對事物和人的看法，讓他認為瑞克在欺騙他。

痛苦之身會讓我們失去判斷力。所以，要對抗痛苦之身，首先要找回我們的判斷力：我到底為什麼那麼生氣、傷心、失望？

我真的有必要那麼生氣嗎？真的有必要那麼傷心嗎？

開啟枷鎖的鑰匙在哪裡？

鑰匙，就是我們內心的覺察。要時刻保持內心的警覺。

要承認自己被痛苦之身所控制和矇蔽並不容易，因為我們認為自己才是自己的內心、情緒和行為的主人，忽然知道自己

其實是被另外一個東西所控制，推翻自己過去幾十年的認知，談何容易？

你是否有這樣的體驗：

有的時候，自己也不知道為什麼，很容易就陷入負面情緒中，並且任何人都改變不了這種情況；

自己也不知道為什麼，忽然就非常非常生氣；

我們會忽然討厭某個人，但是不知道為什麼；

我們會不斷做出錯誤的決定，即使心裡隱約覺得不對，但是仍然覺得暢快。

操控我們的那些未知的部分，是什麼呢？

現在你知道了，它就是痛苦之身。

這是我們心靈中非常隱蔽的一個地方：我們的心靈、思想都存在很多很大的陰影區域，從未被我們發現過。

你不主動，一輩子也不會發現它，但是卻不能擺脫它的影響。

就像 B 那樣，他以為童年的創傷：父母關係不和、母親過於強勢、自己始終在姐姐的陰影下、因為瘦弱而被人欺負……早已隨著閱歷的增長、心智的成熟、被人認可程度的不斷提高而遠去。

其實呢，它還潛藏在 B 的內心深處，並且變成了一個怪物：以痛苦之身的形式，不斷要求現在的 B 付出痛苦。

我有一個朋友，她工作努力而順心，男友疼愛她，父母對

她也不錯；但是她始終悶悶不樂的，非常容易不開心，有時毫無緣由的就陷入沉默。

她男友形容她「變臉比變天還快」「為什麼在別人眼裡沒什麼大不了的事情卻能輕易地讓她不開心」，其實那是她內心的痛苦之身，始終不願意讓她走出內心的陰霾地帶。

只要我們內心的痛苦、怨恨、不滿和憤怒還常常莫名地出現，甚至我們常常會湧起攻擊他人、使他人痛苦的意願，就證明過去那些我們所遭遇的負面情緒和經歷其實從未消失過。

成熟意味著我們能夠處理自己和外界的關係；我們能夠處理自己和自己內心的關係。

兩個人吵架、互相攻擊時，「有病」是一個很嚴重的侮辱。我們忌諱說自己內心有病，其實這種恐懼也許正說明瞭什麼。

一個內心強大、沒有陰霾的人，可能只會對別人關於「有病」的指控一笑而過。

要對抗痛苦之身，需要我們不斷努力，時刻保持內心的警覺。

每個人的痛苦之身都不一樣

我的阿姨是一個非常睿智的中年婦女，雖然她一輩子都是家庭主婦，沒有正式工作過，但是她卻憑藉自己的眼光，把家裡的房子經過幾次出租、置換，硬生生變成了好幾套，每次房子漲價前的商機都被她抓住了。

她的兩個女兒對她非常孝順，我姨夫對她也很好。但是阿姨卻常常不開心。某次我去阿姨家，正逢阿姨和姨夫為了一件小事拌嘴，阿姨越來越急，最後以姨夫的告饒和阿姨的痛哭而結束。

　　事畢，我和阿姨坐在一起討論這件事。我阿姨嘆息說：「我知道你姨夫沒什麼錯，但是我就是沒法兒原諒他 —— 他們一家都是這樣。」

　　我覺得阿姨的話很不尋常，我試著和她聊天，才知道她對我姨夫的心結始於生二女兒的時候。生大女兒時，阿姨的婆婆就不是很高興，但是還是去照看了。及至生了二女兒，阿姨的婆婆聽說後非常生氣，乾脆不來看望。我姨夫如何勸解，阿姨都嚥不下這口氣，竟然怒而絕食。最後姨夫跪著道歉，她還是不吃東西，阿姨的婆婆只好來道歉。

　　「這件事在我心裡永遠過不去。為什麼一開始他不帶著他媽來道歉？」

　　阿姨徐徐而談，最後又哭了：「我小時候就是這樣！我奶奶嫌我是個女孩，從來有好吃的都不留給我，只留給我的表哥表弟；我爸爸也嫌棄我，成天抱我表弟，恨不得我表弟能過繼給他。我以為我媽會對我好一點，但是我媽也說：『為什麼你不是男孩？你要是男孩，我就不至於吃那麼多苦了……』」

　　我默默聽著，阿姨繼續說：「所以，我每次和你姨夫吵架，總是想起我婆婆，想起你姨夫不爭氣，又想起我媽媽，然後，

怨氣就越來越大。」

看到這裡，你一定能發覺：我阿姨的痛苦之身，就是她是個女孩，或者說，她因為是個女孩而受到的不公正待遇。及至成年後，又因為生了女兒而受到不公正待遇，加深了痛苦之身的能量。

事實上，我們年紀越大，就越難發現身上的痛苦之身；我們年紀越大，痛苦之身也就越頑固。因為它經過我們常年的飼養，已經非常強大、狡猾，和我們成為密不可分的一個整體。

寫到這裡我想到很多人：我自己、B、我的阿姨、我的母親父親、我從小長大的朋友們、我所知道的那些童年不快樂的許多人……他們雖然是不同的人，但是他們都有自己的痛苦之身。

如果有可能，我不僅希望能找到我的痛苦之身並對抗它，我還希望幫助他們找到自己的痛苦之身去清理它 —— 它正是我們不幸的源頭。

很多人以為那些陳年的傷疤早已癒合，但是童年的創傷和痛苦，從未真正遠離。

它打扮成我們不認識的樣子，躲在我們的身後，既不讓我們察覺它，也不讓我們找到它。

也許，我們比自己想像的要脆弱得多。

察覺自己的情緒：我到底為什麼這麼生氣？

當 A 再次和我連繫時，已經是一個月後。

她向我轉述了這一個月來的變化：

回去以後她的情緒輕鬆了很多，B 也察覺到了她的變化，詢問她。她卻說：「這是個祕密。」

後來有一次，兩個人在地鐵上吵了起來。雖然是很小的一件事，但是 B 的反應卻非常大。以往這個時候，A 都會非常失望和傷心。

但是這一次，A 卻非常平靜，她認真地觀察 B 的表情和行為。

直到 B 察覺到不尋常，問 A：「你在幹什麼？」

A 問：「你到底為什麼這麼生氣？」

B 說：「因為你總是和我對著幹！」

A 說：「我們的確意見不同。但是，你到底為什麼這麼生氣？」

B 大為惶惑：「難道不是因為我們意見不同嗎？」

A 說：「一般情況下，兩個人意見不同，值得你那麼生氣嗎？你有沒有想過自己到底為了什麼那麼生氣？」

B 冷靜了下來。兩個人默默地回到家，洗菜、做飯。

直到吃完飯，B 把碗洗了以後，走到 A 面前：「我當時不知道怎麼了，非常生氣。」

A 說：「在你生氣前的那一剎那，你想到了什麼？或者說，你回憶起了什麼？」

B 說：「我確實想到了一些事情，比如以往你是如何不重視我的意見的。」

A 說：「還有呢？」

B 說：「還有……我忽然想起，上學的時候，我媽媽也像你一樣，對我的意見置若罔聞。」

A 說：「是啊，所以你發現沒有，這次我們只是意見不同，但是你卻把過去的負面情緒和記憶累積到了一起，所以你的反應才那麼大。」

B 說：「嗯……這麼說起來，其實我常常是這樣的。」

A 說：「影響你的，其實是痛苦之身。」

之後，A 詳細地把痛苦之身對 B 解釋了一遍。B 沉默了一會兒，但是卻聽得很認真。

A 說：「解決痛苦之身，只能靠你自己。我可以幫助你察覺它，但是終究還是要靠你自己擺脫它。」

就這樣，B 第一次知道自己身上還有一個「痛苦之身」。

後來 A 對我總結時說：「這個過程其實非常難。一開始 B 是承認自己的過激反應和負面情緒有痛苦之身的作用的，但他更願意把這解釋為他確實應該那麼生氣、傷心。但是經過幾次後，他開始反省自己，直到接受和承認它的存在。像你說的，只要真正察覺它，它的力量就會不斷減弱。後來我們爭吵，當他非常沮喪的時候，我使他專注於事情本身是否值得他這樣，並提醒他察覺自己的負面情緒的來源。」

和痛苦之身告別：再見，過去的傷痛

　　與痛苦之身告別，正是與過去傷痛的情緒和記憶告別。

　　那些事情已經過去，只要你不願意，它不可能像控制小時候的你那樣控制你，它也不可能一直欺瞞你。

　　我們必須意識到：痛苦之身其實是非常軟弱的。

　　一旦我們投以注視，就像陽光照耀在吸血鬼的身上一樣，一下就能讓它無所遁形、威力大減。

　　你只是你本身，你不是過去的你的經歷的集合，也不是內心傷痛的集合。

　　不要讓過去的傷痛的膿水，再繼續汙染你現在的生命。

　　很多人無法和自己的母親、自己的父親保持親密友愛的關係，很多人的父母同樣關係緊張，往往都是痛苦之身在作祟。它的存在，使我們關於過去彼此的負面體驗是如此強烈 —— 它使過去不愉快的情緒長久地存在，使我們對現在的關係抗拒，使我們對彼此的行為非常介意，最終使我們遠離了愛。

　　不告別痛苦之身，我們就沒辦法和他人建立親密的關係。一方面，它使我們戴著有色眼鏡看待他人，總是記著他人的不好；另一方面，它使我們過分關注內心的傷痛，無暇顧及他人。

　　幾個月後，我收到來自 A 的簡訊：

　　「他脫離了它。他現在非常幸福。謝謝你。」

●不念過去，不望將來：活在當下的力量

我常常聽到這些問題：為什麼我的人生充滿了問題？為什麼我的人生這麼痛苦？

要解答這一切並不難，因為答案早就在我們心中，關鍵在於我們是否願意正視它。

問題 1：為什麼我的人生充滿了問題？

因為問題本來就是人生的一部分。只有死去的人，才沒有任何問題。

問題 2：為什麼我的人生這麼痛苦？這句話的預設立場是「我的人生不應該這麼痛苦」，這可真是天真的一廂情願。真相是：人生苦難重重。

這才是最偉大的真理。

人生苦難重重，所以不要問為什麼。只有接受了這一點，我們的人生才能夠有向好的方向發展的可能。

我曾經看到一個人說：「人生是一個憂慮接著一個憂慮，一種恐懼緊跟著另外一種恐懼。」

這也太悲觀了。

我們的恐懼和憂慮，往往和當下無關

我們絕大多數的恐懼，往往和具體的、真正能馬上威脅到你的危險無關。

我們的恐懼，常常是自己的想像營造出來的怪物。

恐懼帶來不安、焦慮、緊張、憂慮、煩惱、畏縮和恐怖。

我們恐懼的常常是「可能會發生的事情」，而不是「真正正在發生的事情」。

雖然你身在當下，但是你的靈魂和思緒早已進入未來。

未來的事情沒有發生，就無法驗證，而無法驗證就增加了它的可怕。如果你恐懼的是正在發生的事情，那麼事件總有結束的時候。正在發生的令你感到恐懼的事件結束的時候，也是你恐懼的時刻。未發生的事情，把你拉入焦慮的深淵。因為恐懼，你的思維失去了對自己的控制，你也無法好好面對當下。

只要你認同自己的恐懼，認同自己的恐怖想像，這種想像就會控制你的生活。雖然這種想像如此虛無飄渺，但是它的殺傷力卻是真實存在的。

它會令你時時刻刻都生活在被威脅的恐懼之下，可笑的是，威脅你的，正是你的思想、你的幻想。

停止恐懼和憂慮：活在當下，不念將來

打敗恐懼和憂慮的最好方法，就是活在當下。只看當下，只思考當下的事情並解決問題，絕不浪費時間在憂慮未來上。

也許你說：這很難，我無法控制自己幻想未來的事情，也無法控制自己擔憂未來。

其實改變這一切非常簡單，只要你能夠自我觀察，學會觀察自己的思緒，然後對自己提出問題：

　　我憂慮的是什麼？我恐懼的是什麼？是正在發生的事情，還是未來的事情？我活在當下了嗎？

　　當你意識到自己其實沒有活在當下的那一刻，你就已經回到了當下。

　　人生的終極真諦究竟是什麼？

　　曾經我也有過非常迷茫和痛苦的時期，那時的我每天都不快樂，我厭惡身邊所有的人和事──我討厭我自己，討厭我的家人，討厭我的工作，討厭我路上遇見的陌生人，不過我最厭惡的，毫無疑問就是我自己的人生。

　　那時我唯一的幻想，或者說盼望，就是某一天我的人生會出現某種新變化，雖然不是中樂透這種幻想，但是也沒有差太遠。比如我的某個遠房親戚忽然留了一大筆遺產給我，比如我突然有了某種天賦，然後被某個非常有權勢、有慧眼的伯樂挖掘，比如我忽然考上了國外某大學的博士，從此飛黃騰達，比如公司的總裁忽然提拔我為副總……諸如此類，年輕時候的幻想是如此豐富多彩。

　　我也幻想現實一點的未來：比如未來的我將從事什麼樣的職業，那時我已經有了多少錢，多麼功成名就，那時我已經結婚生子，人人稱羨……

　　沉浸在未來的這些幻想中，無疑是對我當時慘淡的人生的重要慰藉。但是我並沒有意識到，每次我幻想完，都會更加無法面對幻想與現實的對比。

直到有一天，我忽然發現了一個祕密。這個祕密對我改變如此之大，以至於自從意識到這個祕密，我幾乎每天都在過著我想要的生活：做我想做的事情，和我喜歡的人交往，等等。

這個真諦其實非常簡單，簡單到被我們大多數人都忽略了——即使知道它，人們也不會把它奉為圭臬。人們更願意相信那些看起來更華麗、更富戲劇意味的真理，然後苦苦尋覓。

同時，這條簡單的真理，在生活中要踐行它卻又非常困難，因為人們的本性就是喜歡左顧右盼。

但是我要說：不明白這條真理，我們永遠也沒辦法真正觸碰幸福的生活。

這條生命最終極的真諦就是：生命並不由昨天構成，也不由明天構成，生命僅僅只有「今天」。

而「今天」，就是此時此刻。

沒有昨天，所以不要往後看。

也沒有明天，所以不要往前看。

我們花了太多力氣去緬懷過去的美好或者耿耿於懷過去的煩憂，我們又花了太多力氣去展望明天，沉浸在美好未來的海市蜃樓中，或者被自己恐慌的未來嚇得裹足不前。

不要往後看，也不要朝前看。

只看今天，只過今天。只看現在，只過現在。你擁有的此刻就是永恆。

誰是《天龍八部》中最苦最冤的人？

《天龍八部》作為武俠經典，每幾年就會被人翻拍。這部小說的主題非常具有佛教的悲憫意味：無人不冤，有情皆孽。

這部作品我翻閱了無數次，對於它「每個人都是冤和苦」的主題印象非常深刻。

我一直在思考一個問題：既然這部小說中所有人都是苦的，都是冤的，那麼最苦最冤的是誰？

三大主角——段譽、蕭峰、虛竹，固然都有自己的苦和冤，其中以蕭峰最甚，但是蕭峰一生，也並不是沒有開心的時候：前半生順風順水，成為幫主後又被眾人愛戴，即使後來被冤枉，和阿朱也有過非常快樂的時光。

所以三位主角可以排除了。

其他配角呢？四大惡人？大理段家一族？和段正淳有情的幾位江湖女？各式各樣的人物層出不窮，固然他們的結局有好有壞，但是也都曾有過開心的時光。

唯一從頭到尾從未開心過的人，只有一個。

那就是慕容復。

小說裡有這麼一段：西夏公主為了尋找虛竹招親，把大家聚集在一起，詢問了他們三個問題：「請問公子！生平在什麼地方最是快樂逍遙？」

這問題慕容復聽她問過四五十人，但問到自己之時，突然間張口結舌，答不上來。他一生營營役役，為復興燕國而奔走，可以說從未有過快樂之時。別人看他年少英俊，武功高

169

強，名滿天下，無不敬畏，但他內心，實在是從來沒真正快樂過。

他呆了一呆，說道：「要我覺得真正快樂，那是將來，不是過去。」

那宮女還道慕容復與宗贊王子等人一樣：「要等招為駙馬，與公主成親，那才是真正的喜樂。」卻不知慕容復所說的快樂，卻是將來身登大寶，成為大燕的中興之主。

她微微一笑，又問：「公子生平最愛之人叫什麼名字？」

慕容復一怔，沉吟片刻，嘆了口氣，說道：「我沒什麼最愛之人。」那宮女道：「如此說來，這第三問也不用了。」

慕容複道：「我盼得見公主之後，能回答姐姐第二第三個問題。」

看書的時候看到這裡不禁掩卷嘆息，「要我覺得真正快樂，那是將來，不是過去」，也就是說，慕容復的人生前三十多年，竟然一點快樂的時間也沒有。

小時候被父母嚴加管教，肩負復興國家的重任，長大後又為了這一重任而奔走，永遠活在對未來的期盼中，然後直到最後瘋掉，也沒有真正快樂過一天。

我想，沒有人願意做慕容復。但是我們卻常常做著和慕容復一樣的事情：永遠把快樂的期望放在未來。如果你想成為快樂的人，那麼從把握當下開始。

Part3

自我實現：邁向成熟的真我之旅，活出真實自我

第七章
自我實現：透過努力達致幸福

從物質中得到的幸福感非常不穩定，幸福感會隨著物質的減少而遞減。只有對生活持有平淡的態度，從心靈深處感到愉悅，這樣的幸福感才能持久。

●被「誤會」的幸福

1988 年，24 歲的霍華德・金森博士開始寫自己的畢業論文，論文的標題是《人的幸福感取決於什麼》。為了完成這篇論文，霍華德・金森印了一萬份調查問卷，隨機向市民發放，問卷裡需要登記個人數據，然後回答一個問題。

問題是：你覺得自己幸福嗎？

回答問卷的市民需要從五個選項中選擇一個，五個選項分別是：A. 非常幸福；B. 幸福；C. 介於幸福和不幸福之間；D. 不幸福；E. 非常痛苦。經過三個多月的時間，霍華德・金森得到五千兩百多份有效問卷。在五千多個人中，僅有 121 人認為自己目前非常幸福。

得到結果之後，霍華德・金森對感到非常幸福的 121 人進行了詳細了解。

在這 121 人當中，有 50 人在這座城市中屬於成功人士。無論從哪個角度來看，他們都比一般人更出色：他們通常出身於中產階級，獲得過良好的教育，不錯的出身使他們的成長順風順水，他們進入了世界級的名牌大學，大學畢業後又進入了世界級的優秀企業。工作數年後，他們憑藉積攢下來的知識、能力或者升到了高位，或者開創了自己的公司，然後和匹配自己身分的伴侶結婚。人生的成功是他們幸福感的主要來源。他們的幸福理所當然。

而其他 71 人則職業各異，有的是公司職員，有的是清潔工，有的甚至沒有工作。這些事業上無所建樹的人幸福感又是來源於哪裡呢？霍華德‧金森透過調查發現，雖然這些人職業各異，性格也各有不同，但是他們有一點是相同的，那就是沒有太多物質方面的慾望。他們安貧樂道，能夠享受平淡的生活。他們的幸福感並不是來自於他們的身分、地位、擁有的財富。他們表示幸福感來自於自己的內心，和自己成功與否無關。

霍華德‧金森從調查結果中受到了啟發，於是他的論文最終得到這樣的結論：幸福的有兩種人，一種是事業有成、名利雙收的人，一種是淡泊名利、喜歡安靜平淡的人。如果你是一個事業有成的成功人士，那麼你可以透過不斷打拚，取得更多事業上的成功來獲得幸福感。如果你只是一個普通人，那麼你可以透過減少自己的慾望，來獲得幸福感。

請問：這兩種人，你更願意做哪一種？

大多數人恐怕都會選擇第二種。因為物質和現實帶來的幸福感更加實際，更容易理解和把控。但是答案從來不會那麼簡單。

畢業之後，霍華德·金森決定留在學校任教。轉眼之間二十多年過去了，如今霍華德·金森已經成為一位非常有名的教授。在一次整理房屋的時候，他找到了當初寫的那篇有關幸福的論文，再次看到這篇論文霍華德非常激動，同時又想到了一個問題：當年自己做問卷調查時，表示自己過得非常幸福的121人，如今過得怎麼樣呢？他們現在還是感覺非常幸福嗎？

為了找到問題的答案，他將這121人的連繫方式翻了出來，又花了三個月的時間再次進行了問卷調查。

沒過多久調查有了結果，仍然分成兩類來看：

當年的121人中，有71位是事業和地位都非常普通的人，現在20年過去了，其中有兩人已經去世，剩下的69個人都再次填寫了問卷。在這二十多年的時間裡，這69人的生活與當初相比發生了非常大的變化：有的人已經成了事業有成人士；有的人一直過著平淡的生活；有的人因為出現巨大變故，生活非常困難。但是他們的幸福感依然沒有改變，仍然覺得自己的生活非常幸福。他們堅持了幸福感的選項。

而當年的50位成功人士，對幸福感的選項卻出現了巨大的變化：50人當中只有9人事業一直順利，他們堅持了當年對幸福感的選項，表示自己過得非常幸福；有23人選幸福感一般；

有 16 人因為事業受到挫折，選擇了痛苦；還有兩人的選項是非常痛苦。

這樣的調查結果，讓霍華德·金森感到困惑，為此一連數日都在研究出現這樣結果的原因。

兩個星期之後，霍華德·金森在《華盛頓郵報》上發表了一篇名為《幸福的密碼》的論文。霍華德·金森在論文當中對兩次跨度二十多年的問卷調查進行了詳細敘述。在論文結尾他給出來的結論是：從物質當中得到的幸福感非常不穩定，幸福感會隨著物質的減少而遞減。只有對生活持有平淡的態度，從心靈深處感到愉悅，這樣的幸福感才能持久。

霍華德·金森的這篇文章引起了巨大反響，無數讀者認為他找到了幸福的鑰匙。《華盛頓郵報》為此一天加印了六次！

有記者採訪霍華德·金森對自己兩次調查的看法，他說：「二十多年前我對於幸福的認識還非常淺顯，並不知道什麼才是真正的『幸福』，並且我還將自己錯誤的看法教給了我的學生，這讓我感到十分愧疚，在此我要向我的學生道歉，同時也要向『幸福』道歉。」

● 兩個相愛的人，只要做到一點就能夠獲得幸福

我的朋友小英深夜來到我家。

我開門的時候，她正在門外瑟瑟發抖，11 月的天氣，她身上只穿著睡衣，睡褲下露出細小白皙的腳踝。

她抬起頭，毛躁的頭髮垂在兩邊，眼睛非常紅。我看到她深夜前來，稍微驚訝了一下，就讓她進來了。

　　她說：「我覺得非常絕望……好像我做什麼都是沒用的。」

　　而我卻知道，早晚會有這麼一天，因為小英很像她的媽媽。

　　小英是我小學時就結識的朋友。我們坐前後桌，家又離得近，性格又合拍，所以從小玩到大，我們幾乎知道對方成長中的每個細節。

　　而在我和小英交換的「祕密」中，非常重要的一個主題，就是她父母的關係。

　　小英的媽媽是那種非常傳統的家庭婦女，信奉男主外，女主內。從小小英就見證了她的母親是如何偉大，如何用女性的全部力量來維持一個穩定的家。

　　雖然她的父親十分大男子主義，還有嗜酒的毛病，常常和朋友、同事一起吃飯喝酒，早出晚歸。但是她的母親卻毫無怨言。

　　小英的母親每天5點半就會起床，操持丈夫和小英的早飯，然後準備好衣服，叫爺兒倆起床。因為小英小時候肺不好，她媽媽要一早起來，一邊煮飯，一邊煎中藥。直到6點半，小英的媽媽先叫丈夫和小英起床，伺候他們吃飯，然後送小英上學。7點半回到家，還要趕緊做飯 —— 標準的一葷一素一湯，然後趕去醫院照顧婆婆。

　　婆婆一年中有 8 個月都是在醫院度過的，幸好兒女多，小英的媽媽只負責早飯就可以。

　　回到家裡，也沒有休息的時間，做過家事的人都知道，家事看起來簡單，其實非常複雜熬人，如果是那種講究的家庭主婦，每天光家事就忙得團團轉。

　　小英的媽媽正是家庭主婦中出類拔萃的那一種，夏天小英和爸爸的衣服一天一洗，冬天 3 天一洗，所有的床上用品都是一週一洗，從未有過偷懶的時候。在所有的小夥伴眼裡，小英的衣服永遠是最乾淨的。

　　小英媽媽會把家裡的所有角落，包括櫃子頂、下水道邊等犄角旮旯都擦得非常乾淨。

　　小英媽媽除了勤勞持家，還非常溫柔和氣，在小英的印象中，母親從未對自己發過大火，也沒有打過自己，每次小英犯了錯，母親都是和聲和氣地和她講道理。而一條街上的其他小夥伴的媽媽，卻有不少是母老虎一般的存在，所以小英常常是小夥伴們羨慕的對象。

　　然而這樣勤勞溫柔的小英媽媽，卻沒有得到自己丈夫的認可。

　　小英爸爸認為小英媽媽乏味、無趣，不能順應自己的情趣。雖然小英媽媽和爸爸一樣都是大學生，小英媽媽上學時還是有名的才女，喜好看書，又畫得一手好油畫，但是在結婚以後，小英媽媽就再沒有時間看書，也不再畫畫了。

漸漸地，小英爸爸開始覺得和她沒有什麼共同語言，於是常常早出晚歸，和朋友們混在一起。

小英對我說過很多次她父母的婚姻，她說自己的爸爸並不是個不負責任的爸爸。相對於其他爸爸來說，他雖然喝酒，但是從不賭博，任何時候小英要求爸爸陪伴自己，他都不會拒絕。

在週末的時候爸爸也會帶著小英去釣魚，小英的數學一直以來都是爸爸輔導的，所以小英數學成績一直非常好。

對小英媽媽來說，丈夫的冷落她都默默忍受了，但她最不能忍受的，就是丈夫對自己的付出不認可。

每次吵架都是因為這個，常常是媽媽哭著抱怨：「我有什麼對不起你們老朱家的？我為這個家操持得還不夠嗎？」

然後爸爸就煩躁地說：「誰讓你幹了？你根本不用把家裡弄得跟醫院一樣乾淨！我說了多少次你怎麼就不聽呢？」

最後會以小英媽媽默默垂淚，爸爸甩門出去而告終。

很顯然，小英父母在很多人眼裡是般配的，門當戶對、男才女貌。

但是對自己來說，和對方結婚，絕對是讓自己婚姻不幸的一個選擇。他們都在婚姻中感到了痛苦和無力。

青春期的小英常常對我說，以後絕不要爸爸媽媽那樣的婚姻。

但是長大以後的小英，卻常常不自覺地模仿自己的媽媽。

每次談戀愛，她都企圖包辦男方的生活，把同齡的男孩子照顧得無微不至。這種賢惠，卻常常讓人想逃。

唯一沒有逃的，是小英的大學同學。所以一畢業，他們就火速結了婚。

在他們終於步入婚姻的時候，我鄭重地對小英說：「不要去模仿你媽媽！學會做你自己。」

小英對我笑笑說：「我知道啦。」婚後兩年，他們有了一個健康漂亮的孩子。從很多角度來看，這都是一個幸福的家庭。

但是每次和小英及其丈夫聚會，我都發覺她的丈夫並不開心。因為小英像他的媽媽那樣照顧他，卻「聽不到」他說的話。

上次我們聚會，我說起內蒙古的風光，小英的丈夫心馳神往，然後商量幾個朋友一起開越野車自駕遊。我知道小英的丈夫結婚前就是個驢友，他說過不止一次，希望自己婚後可以帶著愛人一起去領略大自然。

小英蹙眉說：「但是寶寶誰照顧啊？」

小英的老公說：「交給我媽或者你媽照顧幾天都行啊，不過三五天，寶寶也一歲了，沒關係的。」

小英說：「那可不行。我不放心我媽，也不放心你媽，從長計議吧。」

我看到小英老公失望的眼神。

小英安撫說：「再過兩年就陪你去好嗎？」

小英老公點點頭。這一「過兩年」，就是四五年過去了。小英的丈夫在聚會中顯得越來越沉默，而小英渾然不覺。

直到今天晚上，小英來到我家，對我說：「他要離婚。他說不愛我了。他說受不了我了……他說要找個和他合拍的人，而不是像我一樣的老媽子。」

　　小英雙手摀住臉，眼淚卻仍然從手指的縫隙中流了出來：「我怎麼老媽子了……我還沒老啊。」

　　她喃喃地說：「我一直在努力維持我的婚姻。我知道的，他沒有以前那麼愛我了。談戀愛的時候他每天都圍著我轉，每天都非常開心。結婚以後，不知道什麼時候開始變了。他回家越來越晚，回家以後越來越沉默。一開始我以為我做得不夠好。」

　　她抬起頭：「你知道的，我父母的婚姻不幸福。我不想像我父母一樣過貌合神離的日子，所以我一直很努力避免這種情況。我很努力地去關心他，為他營造最好的生活。即使我很不快樂，我仍然在努力。但是很奇怪……」

　　她說到這裡恍惚了一下，對我奇怪地一笑：「我不快樂，而他好像也不快樂。我到底哪裡做得不好？」

　　我說：「你有沒有意識到，你所做的一切，都是在重蹈你媽媽的覆轍？你在努力模仿你媽媽，又怎麼可能不步她的後塵呢？」

　　小英說：「難道一個賢惠的妻子不應該像我媽媽那樣嗎？」

　　我說：「他需要的不是你的賢惠，你想過沒有，他真正需要的是什麼呢？」

　　小英吃了一驚，說：「我沒有想過這些，我以為給他一個溫暖的家，就是最好的了。」

　　我說：「也許他更需要的是靈魂上的伴侶，需要你的陪伴，也需要你和他的共鳴。你有認真回應過他的要求嗎？你仔細想想，他一定對你提出過要求，然後被你拒絕了。」

　　小英想了想：「他提過很希望一起去旅行，自駕遊。但是我一直覺得孩子太小，後來孩子長大了，我又覺得我們太忙了——」

　　我打斷她：「你並沒有很忙啊。你的年假都用來在家看孩子了。孩子有時完全可以給你的父母或者他的父母帶啊。你的錯誤在於，太執著用自己的方式去愛他，而忽視了他的意願。」

●愛，是給予對方「正確」的付出

　　《聖經》上寫道：「愛是恆久忍耐，又有慈恩。愛是不嫉妒，愛是不自誇，不張狂，不做害羞的事，不求自己的益處，不輕易發怒，不計算人的惡，不喜歡不義，只喜歡真理；凡事包容，凡事相信，凡事盼望，凡事忍耐。愛是永不止息。」

　　這麼看起來愛實在太難了，簡直是在用聖人的標準來要求「愛」。但是，那是在你不會愛之前。

　　當我了解了愛的真諦，我發現愛一個人其實很簡單，那就是給予對方「正確」的付出，給他最需要的付出。

　　我也曾有過迷茫的時期。我不知道如何去愛一個人。

我對我的先生，也不總是持認真傾聽的態度。他感興趣的很多事情，比如軍事、政治，都是我不感興趣的。他最喜歡的驚悚片，我也並不愛看。

每次他跟我講：「老婆，我看到了一個很有趣的恐怖片理論，講什麼才會讓人感到恐懼……就是你相信什麼，什麼就會讓你恐懼……」

我都會打斷他：「你跟別人說吧，我還要做我自己的事情。」

那時，我正在看有關工作的數據。雖然我並不是一定要馬上看，但是我仍然拒絕了他。因為我實在不感興趣。

一開始，他還和我分享。後來，他看我沒有興趣，就不再和我討論這些。

但是人類有分享的天性，所以他花很多時間在論壇與志同道合的、在我看來是「損友」的朋友們聊天、分享。

直到有一天，我發現他和我說話越來越少，他花在朋友們身上的時間越來越多。我想努力把他的注意力拉回來，於是我也研究了幾部恐怖大師的電影。

他下班以後，我很高興地要和他說出我的見解時，他不耐煩地打斷我：「你和別人說吧。我還有自己的事情要做。」

話說出口的那一刻，我們都呆住了。顯然，我們兩個人都記得以前這話是我用來搪塞他的。

我們都若有所思，在沙發上坐下來。

從那天開始，我們約定，以後要對對方的生活和愛好更感

興趣，每週都要有我們的共享時間：每週我們至少共享一部電影或者小說等作品，可以是他喜歡的，也可以是我喜歡的。

我們一起看，然後看完交流心得。

要學會詢問對方：「你需要我怎麼做呢？」

其實，只要做到一件事，就能夠開啟幸福的婚姻，那就是詢問對方：「你需要我用什麼方式來愛你呢？」

小英的父母，之所以婚姻不幸福，是因為他們都只以自己的方式去愛對方，卻從未問過對方真正需要什麼。最後兩個人都覺得自己付出了很多，對方還感受不到，兩個人都在失望中心灰意冷。

就像歌裡唱的：「我們都忘記要搭一座橋，到對方心裡瞧一瞧，體會彼此什麼才最重要。」

我們全都希望，對方能夠以自己需要的方式來愛自己。那麼，如果你希望對方為自己做什麼，就要明確地告訴對方；如果對對方有任何不滿，也要立刻說出來。

所以，我們列了一張表，表分為兩列，一列是他對我的需求；另外一列是我對他的需求。

光是制定、修改這個需求表，就花了我們一週的時間；而完善它，則用了更長的時間。

讓我非常吃驚的是，原來他憋在心裡那麼多事。

他說：「我每次和你說什麼事，都希望得到你的贊同，而不是潑冷水。」

我說：「我在努力幫助你保持理性呀。我怕你失敗啊。」

他說：「可是我並不需要這份『理性』啊。我只需要自己被支持，你也說了，是你怕我失敗，而不是我怕我自己失敗啊。」

我才恍然大悟，於是我之後逐漸改變了說話方式。

我們都在努力，用對方需要的方式去愛對方。

婚姻不幸的來源：我們常常期望他人能為自己負責

沒有任何一個生命能夠為另一個生命負責。

你的生命，只能你自己負責。

每一個生命，都需要且只能為自己負責。

那些期望別人為自己生命負責的人，最後往往只會收穫失望。

因為對別人來說，為你的生命負責，是最最沉重的重擔。

對你來說，卻是把自己生命的主導權交到了別人手上，你同時失去的，是自我的安全感。你只會不斷猜疑對方，因為害怕失去依靠而患得患失。

因為恐懼，你的期望會漸漸變成控制和要求。直到兩個人都不堪重負，都對彼此絕望，這份期待才會終止。

最重要的，期待別人對你的生命負責，會使你對自己的能力絕望。

通往幸福的路並不好走，我們關心自己比關心別人的需求可容易多了。

但是在這個過程中，我們的關係會變得越來越有活力。

覺得辛苦的時候，可以做些簡單的事情，類似於「和他看場他喜歡的電影」。

不要再執著於用自己的方式去看別人，而要用他人想要的方式去愛別人，那麼，幸福，絕對是可以預期的。

●理性面對父母，走出自己的人生

我身邊很多朋友，在成年之後都和父母關係不和諧，這種不和諧，讓他們很痛苦。

為什麼和父母的不和特別讓人痛苦？

因為大多數時候，我們都被自己的情感左右，無法理性地面對父母。

不能理性面對父母，往往是我們情感上痛苦的源頭。

痛苦的根源：血緣關係無法改變，而渴望親情又是人的本能

如果和戀人相處不來，可以分手；和朋友相處不好，可以再換。

在生活的其他方面，我們擁有很大的自主權。

只有父母親情，是我們無法選擇的。你無法選擇你的父母是誰，又無法改變和父母不和的現狀。

和父母不和的種類有很多：父母控制慾太強，完全沒有任何自由；得不到父母的認可，感到非常痛苦；夾在父母和自己的理想、父母和戀人之間，無法抉擇；經濟上不能獨立，所以

受到父母的詰難；和父母三觀完全不同，一見面就吵架，還被指責不孝順、不聽話、白眼狼……

每一種都足夠讓人痛苦。

但是，中國人講究「斷了骨頭連著筋」「血脈親緣無法割捨」。所以，痛苦由此產生。

比親緣關係更無法割捨的，還有我們內心渴望親情的本能。

《左傳》中講了一個故事，鄭武公夫人姜氏在生大兒子莊公的時候，因為難產差點失去了性命。所以姜氏非常討厭大兒子，只喜歡小兒子。

及至莊公即位，姜氏仍然偏幫幼子，先是幫助幼子討封地，而後仍然不知足，竟然幫助幼子造反。母親偏心成這樣也是夠讓人寒心的了。

莊公在打敗弟弟後，傷心到了極點，把姜氏專門安排到了別處，並且發了重誓：不及黃泉，無想見也。

結果，後來莊公還是眷戀母親。有個大臣知道莊公的心思，於是修建了一個假的黃泉，母子才得以想見。

我覺得這個故事很能說明人的天性：即使從小母親不喜歡自己，即使成年後母親讓自己傷心到了極點，莊公仍然渴望母子之情。

很多困惑於親子關係的現代人也是如此，即便和父母關係到了冰點，即便痛恨父母，內心深處還是渴望親情的。這是人類的本能。

不要再抱怨「父母逼我」

父母逼我和不是公務員也不在大企業工作的男友分手⋯⋯

父母逼我離開大都市，回到家鄉做個公務員⋯⋯

父母逼我把養了三年的貓送人，即使我反覆說它身上沒有寄生蟲，但是他們就是不信⋯⋯

父母逼我和比我小4歲的男友分手，理由是女大男小以後他會嫌棄我⋯⋯

父母逼我把所有的薪水上繳，然後每個月給我固定生活費⋯⋯

父母逼我和我不喜歡的人相親，就因為那個人家境比較好⋯⋯

太陽底下並無新鮮事，雖然「父母逼我」背後有很多很多的故事，但是這些故事永遠脫離不了的模式是：父母逼我做我不想做的事情。

怎麼辦？

解決的辦法當然只有一個：那就是堅持你作為成年人的獨立性，作為一個個體，任何你不想做的事，都沒有人可以逼你。

很多抱怨「父母逼我」的人，實際上不是經濟不獨立 —— 需要倚靠父母，比如工作後仍然居住在父母家，就是心理不獨立 —— 還沒有習慣自己已經是個成年人這一事實，換句話說，心理上還沒斷奶。

你自己都不獨立，父母怎麼會認可你有決策權？

太多親子關係的癥結在於缺乏明顯的邊界。父母習慣於掌控子女的人生，而子女雖然感到痛苦，但是也習慣於被掌控。

　　在你成年後，父母能夠逼你做的事情，其實非常有限。

　　如果你經濟獨立，心理獨立，那麼無論父母多麼強勢，都無法對你造成本質影響。

●解決親子關係的煩惱，從自我的獨立開始

　　親子關係中，經濟不獨立或不完全獨立，就沒辦法獲得真正的權利。

　　要解決親子關係帶來的煩惱，首先要做的，就是自我的獨立。

　　很多人期望的狀態是：雖然我經濟還沒有完全獨立，需要倚仗父母，但是我已經是成年人了，所以我的事情應該我自己做主。希望父母除了提供經濟支持之外，別的事最好不要約束我。

　　但是對父母來說：我會管你，還不是因為你沒長大？你連自己都養活不了，還談什麼獨立？我供你吃供你穿供你住，現在連意見都不能提了？

　　往往父母這麼對你說，你又覺得父母不尊重你，傷害了你。

　　事實上，經濟權決定話語權，這是顛撲不破的真理。

　　你一天不能獨立，父母就一天不會對你放心。所以在爭取父母的不干涉之前，首先應該努力讓自己經濟獨立。

　　那麼，如何解決呢？

首先，不要對父母抱有太高期望

我們期望母慈子愛、父慈子孝，這真是完美的親子關係。但是大多數家庭，都不是這種類型。

我長大之後，我才慢慢理解：父母也是平常人。父母也有他們不能超越的界限，也有他們人性中的缺點和弱點。

不要對父母抱太高的期望，期望太高，往往得到的只有失望。

不要抱太高的期望包括但不限於：不要期望父母沒有私心，任何人都有私心，父母當然也會有；不要期望父母為自己犧牲，這是非常錯誤的期望；不要期望你非常喜歡的男朋友或女朋友父母也非常喜歡，要和你的男朋友或女朋友過一輩子的人是你而不是你的父母，他們沒有義務也沒有責任一定要喜歡他們，相處融洽就夠了。如果連相處融洽也做不到，那麼盡量保持距離。

最重要的，不要期望你的父母和別人的父母一樣。因為你的父母也沒辦法把你變成別人的孩子。

我知道每個人都在渴望理想的父母，但是這事是命中注定的。過多的期望會使我們對現狀不滿，苛責父母，會給親子關係帶來傷害。

當你手裡的牌已經注定，你能夠做的，就是盡量採取技巧和策略，把它打得更好一點。

親子關係也是需要經營的，也許經營親子關係比經營愛情、經營事業要簡單很多，但是這並不意味著我們就不需要付出。

付出什麼？

智慧。

忍耐。

愛。

時間。

妥協。

獲得父母尊重、認可的方法：比他們做得更好

如果你的父母總是在拿他們的權威壓你，那麼獲得他們的尊重和認可的唯一方法就是比他們做得更好。如果你能比你的父母學歷更高、賺錢更多，他們就會相信你的能力，承認你的地位。

如果只是日常瑣事的不和諧，那麼不妨做個孝順的孩子：他說什麼，你就「是是是，好好好」，大主意還是自己拿，讓父母面子上過得去就行了。有的事情真的不必太當真。

中國家庭的一個很大的弊端就是：孩子成年後，父母仍然把孩子當成自己的，而不是獨立的個體。

父母只看到自己的存在，而看不到孩子的存在；不承認孩子是獨立個體，也不允許孩子有自己的自由意志。

如果你的父母是這樣的，那麼不妨離他們遠一點，適當保

持距離。先學會獨立生活，也讓父母適應下你已經是個獨立的
成年人這個事實。往往過個兩三年，父母就會習慣這個事實。
一開始也許很艱難，但是時間會改變一切。

適當保持距離

我們常常有這樣的體驗：和不熟的人，往往能夠相處融
洽，互相謙讓，但是對自己的父母，卻很難和平相處。

因為如果我們和不熟的人彼此不爽，我們會努力剋制並消
化這種不爽，雙方都會進行一定程度的妥協。

但是和父母在一起呢，彼此都覺得既然是親子關係 —— 全
世界最親近的關係，那麼就有話直說，沒必要整那些虛的，結
果就是，反而比對陌生人還要苛刻。

我身邊的朋友基本以成家立業的 80 後為主，有的是夾在大
家和小家之間，有的則是上有老下有小。這些人之中，和父母
相處很好的不在少數，而他們無一不是不住在一起的。

因為有一定的距離，所以平日想的都是彼此的好處。做兒
女的常常探望、常給買東西、常打電話，做父母的因為看不到
兒女的壞處，反而覺得兒女更孝順。親子關係由此變得和諧。

我一個女友的經歷跟大家分享一下：「我 20 歲以前最痛苦
的事情，就是父母重男輕女。雖然父母也很疼愛我，但是那種
根深蒂固的觀念是改不了的。為此我傷心過，也抗爭過，最後
心灰意冷。

「及至成年後，一方面父母對我很好，我也有孺慕之情；另一方面想起父母的重男輕女，我又覺得有怨氣。這兩種激烈的情感使我痛苦。欲愛不甘，欲怨不能。

「父母也不理解我為什麼總是對此耿耿於懷，所以我們常常為了這個吵架，家庭關係一度進入冰點。但是，直到有一天，我想通了一件事：父母也是平常人，他們也有自己的局限性，不要對父母要求過高。」

如果實在做不到，那麼可以抽離性地在情感上把父母看做陌生人，你反而會發現自己的怨氣減少了。

從心理學上講，每個個體都在渴望一個毫無私心、毫無保留、無限度、無要求、無原則愛我們的母親，這個母親是心理上的母親。

但是我們常常把這種願望投射到我們現實中的父母身上，一旦現實中的父母不能做到毫無私心、毫無保留、無限度地愛我們，我們就會覺得自己沒有得到應有的愛，從而產生怨氣。

這種心理需求，雖然是人類的原始本能，但是只會讓我們痛苦。

學會放下，是人生中的重要課題之一。既然我們能夠接受陌生人對我們不好，為什麼要對父母對我們不好而耿耿於懷？

雖然親子關係很重要，但是遠遠沒有到可以主宰你人生的地步。不要把你的悲喜建立在這件事情上。

找一種雙方都能接受，而且相對舒服的模式來相處。

我有個非常有智慧的朋友，早年曾是留守兒童，父母的不關心給她留下了不小的童年陰影。

但是在她 30 歲的那年，她選擇從陰影中走出來。她說：「我都是做媽媽的人了，難道還要惦記童年的那些陰影？」

換句話說，你已經是成年人了，可以自主選擇不再被童年的陰影所影響。

不要過於敏感

確實有非常不好的父母，但是有時只是我們神經過敏，不要把問題想得太複雜，也不要把父母想得太壞。

有的父母，只是不懂得如何和孩子交流，這需要你去引導她。

不要緬懷過去：時間是過得很快的。如果你總是緬懷過去，那麼你只會在不知不覺間失去當下。

控制的背後：恐懼和討好

父母會以各種方式約束你、管制你，他們的強硬會讓你感到不開心、苦惱、憤怒甚至痛苦，但是他們行為的本質，卻是恐懼和討好。

因為恐懼你離開，所以採取了一種錯誤的方式討好你。

世界永遠是在下一代的手中，就像紀伯倫的詩中寫的：「你的子女其實不是你的子女，他們去往的，是你做夢也到不了的明天。」

父母被過去和時間深深禁錮，永遠也追不上子女；而子女則不斷前進，把自己的父母甩在身後。

　　父母即使不懂這個道理，他們也會隱隱約約意識到，你只會越來越遠。所以他們會想要控制你，企圖把你留在他們的世界裡。

　　所有的惡言相向、冷眼相對背後，都是他們內心的脆弱和恐懼。

　　時間是所有人都無法逃脫的泥沼，儘管你的父母看起來依然強大、咄咄逼人，但是本質上，他們已經在走下坡路，在面臨身體老去的現實和恐懼。他們的未來，需要討好子女。

　　那天我在網上看掛畫，打算買一幅掛到客廳的走廊上。

　　然後我叫我媽媽過來一起選，問我媽媽的最喜歡哪一幅。她看了看，選了我完全沒想過的，看起來最簡單的一幅：

　　圖上用卡通的筆觸描繪出兩株小草，看起來頗有童趣，只是仔細一看：一株仍然茂盛，而另外一株已經枯萎。

　　一枯一榮，看起來頗具禪意。

　　我問我媽媽：「為什麼是這幅？」

　　我媽媽說：「時間過得太快了。」這沒頭沒腦的話我卻懂了，瞬間感到非常心酸。

　　想起我媽媽這些年的酸甜苦辣，從她 30 歲，到 50 歲，再到 60 歲，我想起她年輕時候的樣子，又想到她這幾十年變化，好像不過是幾天的時間。

　　我沉浸在悲傷的情緒裡無法自拔。也在那一刻，我原諒了我媽媽過去對我的種種不好，那些不曾宣之於口的怨氣在瞬間煙消雲散。人生本身非常艱難，當你理解了父母的局限和無奈，就會自然而然地放開。

　　然而這些道理，也許要到你也為人父母的時候才會知道。

　　當你明白了這一切 —— 思想和情感會被倫理和現實束縛住，所以你還會因為父母感到痛苦。

　　但是你的理性和心智卻獲得了自由：不再背負任何不屬於你的枷鎖。

　　望你被這個世界溫柔相待。

●不再做「好好先生」，讓你的付出更有價值

　　我們身邊常常會有一些「好好先生」類的人物。他們相對他人來說更無私、更好說話，你有事求他，他通常不會拒絕。

　　「好好先生」通常有不錯的人緣，但是這種人緣是他們的付出換來的。「好好先生」可能幫助過一個人無數次，但是下一次假使好好先生拒絕了別人的請求，就會招致別人的怨懟。

　　我身邊有個女孩明明就是典型的「好好先生」（也許應該叫好好小姐）。一直以來，她都是團隊中最好說話的那一個。但是最近明明卻對我說：「一直以來我都想做個善良和藹的人，也願意給我周圍的人提供各種幫助，哪怕很多時候我要付出大量時間和精力。但是為什麼有時候我的付出，得不到別人的感恩

呢？」她發出感慨的直接原因是最近發生的一件事。明明的老公因為工作原因時常需要往返內地和香港，有時就會幫朋友代購一些商品，也不收代購費。其中小X是最常請她代購的，從奶粉到化妝品，從包包到蘋果手機。

曾經明明的老公一次性攜帶了6大罐奶粉給小X，一路上勒得手都變形了。

還有蘋果5S剛剛推出的時候，小X就讓明明的老公幫忙代購。但是因為手機剛剛推出，搶的人特別多，明明老公足足排了4個小時的隊也沒有買到，最後，還是加價500元找黃牛買到的。

小X拿到手機，聽說明明的老公幫忙付了500元黃牛費，只是淡淡地說了句：「謝謝啊。」絲毫沒給明明老公錢的意思。

明明的老公對明明發了一通火，勒令明明不許再答應小X代購。這次蘋果6S推出，小X又找到明明，說想要買兩部玫瑰金色的6S手機，64G的，還專門說：「這個週末之前一定要給我買到啊，我出去玩要用。」

明明說：「這才推出幾天啊，不好買呢。要不你換個別的顏色？」

小X不高興了：「算了算了，這麼點事都不幫忙，不用你了。」說完就把電話掛了。

明明氣不打一處來。但是反思下自己，幫了別人反被別人輕視的事情不止一次了，偶爾拒絕一次，就遭到對方怨懟的事

情也不是第一次發生了。

我對說明明說：「你錯就錯在，你的善良其實是沒什麼價值的善良。因為你的付出，一直屬於『低價值的付出』。」

如果一直做低價值的付出，那麼付出再多，你在別人眼裡也僅僅是個好好先生。人們會認為好好先生脾氣很好，但是卻不覺得他有什麼價值。

什麼叫做低價值付出？

低價值付出就是自己感覺為對方做了很多，但是對方卻並不這麼認為，不會對你產生感激之情，甚至偶爾一次沒達到對方的要求，對方還會厭惡你。

什麼樣的付出是低價值付出？

我們先對低價值付出做一個總結，低價值付出的特徵如下：

特徵1：氾濫 —— 隨意的付出是低價值付出

付出越稀有，價值越高；付出越氾濫，價值越低。

別人求你做什麼，你都馬上答應，不管是請你幫忙帶午餐，還是請你幫忙改檔案。你滿口答應的同時，別人也會覺得「沒有什麼」，反正你已經習慣了付出。

特徵2：需求 —— 不符合對方真實需求的付出是低價值付出

很多時候，父母對我們很好，但是我們並不領情。有時父母幫我們打掃了房間，我們還會覺得父母弄亂了自己東西的順序。

是我們真的不懂感恩嗎？不是，是因為對方的付出不符合我們的真實需求。

比如有一天，你和朋友約好了中午一起吃飯，吃的是你最喜歡的西餐。結果到了吃飯的時間，好久不見的女朋友卻帶著她剛剛做好的湯來找你。

雖然你並不喜歡喝湯，但是女朋友的好意不能不領，於是只能陪著女朋友喝湯，和朋友約定改日再一起吃飯。

對於女朋友的付出，你不是不感激。但是對你來說，確實沒有什麼價值。

特徵 3：時機 —— 不在最佳時機的付出是低價值付出

當對方急需幫助時，你的幫助會讓對方感覺你的付出是高價值付出。

在別人升遷的慶祝宴會上，你給對方再多的好禮，對方也不會有多少感激之情，反而會產生一種優越感，認為你是在討好他。但是當一個人在落魄之時你伸出援助之手，即使你的援助很小，對方也會對你產生巨大的感激之情。

錦上添花的事情大家經常做，但雪中送炭的人相比較之下卻比較少。錦上添花時付出多少其實沒有太大區別，別人不會有太多感激之情，而他人落魄時你雪中送炭，無論付出多少，稍微有良知的人都會感激你一輩子。

特徵 4：否決權 —— 你沒有拒絕權利的付出是低價值付出

　　在一個企業裡，老闆叫你做的事情，你就必須做；要求你加班，你就必須加班。但是老闆會因此感激你嗎？當然不會，因為這是你應該做的。其實就算你做的不是份內的工作，比如無償加班，老闆也不會因此感激你，因為你沒有拒絕的權利，只能這麼做。

　　我有一位朋友是私人企業的老闆，他有一個很大的別墅，平時空置不用，偶爾放假時才過去住。

　　有一天這個朋友請我去吃燒烤。朋友說是自助燒烤，自己烤自己吃。我想會很有趣於是答應了，想到燒烤前肯定要洗菜、穿肉，燒烤完還要打掃，便特意穿了一件耐髒的衣服。到了那裡我才發現，別墅的院子裡架了兩個燒烤架，朋友們都衣著整潔地坐在那兒烤肉，已經穿好的肉串和蔬菜串堆成了小山。

　　院子的角落裡，兩個年紀不大的女孩坐在那兒，一個在切肉、洗菜，另外一個正在費力地往串子上穿肉。兩個人和坐在那兒等著烤肉的朋友們形成了鮮明的對比。

　　我有點尷尬，笑著說：「不是說好了我們自己烤嗎？怎麼又找人幫忙？」

　　我的老闆朋友不在乎地說：「沒事，都是我公司裡的員工。反正他們週末也沒事。」

　　我恍然大悟，不由得更加尷尬了。那兩個女孩顯然都聽見了，顯得十分低落。

後來我覺得很彆扭，吃完飯後，就幫著兩個女孩一塊兒收拾。雖然我對自己朋友的行為頗有微詞，但是他的行為卻在這個世界上司空見慣。

這些年雖然我也受了不少苦，但是這一次，才讓我深刻感覺到了階級是真實存在的。如果你沒有拒絕的權利，那麼你付出再多，哪怕是週末不休息來別人家幫別人烤肉，別人也不會當回事。

而你能做的，就是提升自己，讓別人尊重你的能力，不敢隨意指使你。

特徵5：易被代替 —— 可以隨便被代替的付出是低價值付出

如果一件事，你可以做，別人也可以做，那麼你的付出就很難被認為是高價值付出。

那麼如何在付出一定量的情況下，讓對方感受到你付出的價值呢？

透過以下幾點可以實現：

掌握好付出的時機

戰國時期魏國攻打趙國，當時魏國較強大，趙國無法抵禦魏國的入侵，於是向齊國求援。齊國的孫臏就提出必須幫助趙國，但是需要在趙國快要抵擋不住時再出手，因為趙國越是困難，齊國的幫助就越有價值：戰爭一開始就去幫助趙國，就算取得勝利，趙國也會認為是依靠自己的力量取得的勝利，齊國

只是輔助而已；但是去晚了趙國就被魏國攻陷了，齊國去也沒有什麼意義了。所以選擇幫助的時機非常重要。

助人為樂是中華民族的傳統美德，但是想要得到高價值付出就需要抓住時機，在對方最需要幫助時出手。

最好的情況是，能夠在對方最緊急、最需要幫助的時候，給出你的幫助。

讓對方感覺到你永遠有「拒絕權」

要讓對方知道：你並不想做這件事，通常你也不會做這件事，這次是看在對方的面子上才做這件事的。

你在有權利拒絕對方請求的前提下，給對方以幫助，才會讓對方感受到你的付出是高價值的。

天天做好事的人有一天突然不做了，人們就會覺得這個人成壞人了，而一個天天做壞事的人某一天做了一件好事，彷彿之前他犯的過錯都可以一筆勾銷了。

這種事情屢見不鮮。我們可以從另一個角度來看待這個問題：

天天做好事的人是沒有原則地做好事，時間久了就會讓周圍的人感到你沒有否決權，認為你做了是應該的，不做就是錯的，這時你的付出就是低價值付出。然而當一個壞人突然做了一件好事 —— 之前他一直都做壞事，周圍的人認為這個人對好事是拒絕的，那麼對方就會感覺他的付出是高價值付出。

如果你確實願意付出，或者你經過衡量，認為付出是自己的選擇，那你也要先讓對方感覺到，其實你是有拒絕的權利的，然後再付出。

如何讓對方感覺你是擁有「否決權」的？

當別人想要你幫助他時，即使你可以立刻就幫，也不要馬上答應，應該等待一下再答應。

「我現在也不知道那天是不是要出去，我先確定下，然後給你回覆。」

先拒絕對方的請求，當對方又提出請求時，再提供幫助。

先表示自己現在有事情，等下班後再說吧，然後等下班後對方又請求你幫助時，再考慮是否提供幫助。

不要完全按照對方的要求去幫助，比如對方要求在週三之前完成，你可以回答時間比較緊張，至少要週五才能夠完成。

實際上類似的方法有很多，你可以舉一反三，中心內容就是讓對方感覺到你很忙，無論你是否真的比較忙，在這種情況下，你的付出才是高價值的。

當然，這種方法也需要分請求幫助的人，如果是關係緊密的人，那就要謹慎使用。

不輕易給出自己的付出

物以稀為貴，你的幫助讓對方感覺是稀有的，你的付出就是高價值付出。

好人一直做好事，但被認為是理所應當；壞人偶爾做了一件好事，就被周圍人交口稱讚。比如說：

「一般這種事情我都不願意介入的，但是你需要幫忙，這次我就幫你一回。」

「這種事情很多人都找過我，我確實是不願意這麼做，但是這次上門來說了，那我就破例一回。」

無論你如何說，重點是要別人了解到你所提供的幫助是十分稀有的。

要讓他知道你的付出是別人無法代替的

如果能夠讓對方認為他所需要的幫助只有你才能幫提供，那麼你的付出就是高價值付出。

這點可以向商場業務員學習，他們比較喜歡用這種方式給顧客介紹：

「這個型號的產品現在都斷貨了，只有我這裡還有幾臺。」

「其他地方的價格肯定都比我高。」

「一般這種產品的保固都是一年，只有我願意給你保修三年。」

其實在現實生活當中，很少有別人替代不了的事情，上面幾句話仔細分析下，就會感覺有點假，但是對一些心理防備較弱的人來說就非常有用。

如果你的付出真的是別人無法代替的，那麼你一定要讓對

方明白這一點。

要讓他感覺到「你的付出並不是舉手之勞」

我常常聽到我的律師朋友、心理醫生朋友、設計師朋友抱怨，總有熟悉不熟悉的人請他們幫忙。

幫忙也就算了，最可恨的是別人還會輕描淡寫地說：

—— 你不是設計師嗎，幫我設計個 Logo 吧？反正也花不了你多少時間。

—— 你不是律師嗎，幫我起草個合約吧。反正是你的專業。

—— 你是心理醫生，能幫我做下心理諮商嗎？我跟你說我有很多想不開的事兒，我感覺我憂鬱症了……

設計一個 Logo 需要考慮多方面的因素，至少要十幾個小時，萬一對方不喜歡還要重做。

起草一份合約也要花費不少時間，何況需要律師起草的合約通常是十分複雜的合約。

心理諮商則更麻煩，絕非一兩個小時可以解決。

在生活中，時常有人請我們幫忙時，會把事情說得非常簡單。有時我們一開始就知道事情的難度，有時做到一半才發覺：原來這件事情這麼麻煩！但是已經答應對方，只好硬著頭皮做下去。做完之後對方也只是輕描淡寫地說一句「謝謝」，其實並不領情。

如果對方覺得你做某件事情很簡單，那麼你的幫助無疑就

是低價值付出。

　　所以，想要對方覺得你的付出是具備價值的，是不輕易付出的，就一定要讓對方明確這件事情的難度，要讓對方清楚：即使這件事情是在你的專業範圍內，也不是一蹴而就的。

　　即便這件事情對你來說並不難，你也要讓對方感覺到這件事情是耗費你的專業和資源，花了不少時間才完成的。不要覺得對不起對方，第一，你真的幫了他的忙；第二，如果他覺得你的付出並不多，做這些事也不難，他下回還會有更多的事情來煩你 —— 反正你一下就能做完。

第八章

喚醒內心英雄：發掘內在的精神力量

要改善拖延，就要學會保持內心的覺察。

為什麼我們常常想要控制別人？因為控制不了自己。

你會創造些什麼，取決於你自己。

● 尋找拖延的根源：我不信任我自己

拖延症在今天，幾乎是一種「全民疾病」。拖延對人生的打擊是釜底抽薪式的，輕度拖延症會使我們與優秀無緣，而重度拖延症則會使我們整個人陷入一團糟。

其實我也曾受過拖延症的困擾，曾經有一段時間我的壓力非常大，於是在解決問題之前，我都要對自己進行漫長的心理建設和很多在外人看來毫無意義的準備工作。

拖延的時間久了，會打擊自己的信心，也會使他人的態度發生轉變：別人先是質疑你的態度，進而質疑你的能力，最後質疑你整個人。

只有我自己知道，拖延症給我的生活帶來了多麼大的影響。

而促使我真正開始改變的是這樣一件事：

我清楚地知道我母親的生日，我幾乎是提前一個月就想起

來了，然後我想我應該給她準備一份禮物，我初步的想法是去首飾店給她買一件金飾，但是我的拖延症使我在她生日的當天都沒有買。

在離她生日還有兩天的時候，我想即使現在買也來不及寄到她手裡了，於是我就沒有買。我告訴自己下次吧，下次回家的時候再買，先電話祝福她生日快樂好了。

我母親生日的那天早晨，我想工作太忙了，中午再打電話吧。

結果到了中午，客戶那邊出了問題，我手忙腳亂地終於解決了。

因為心情還停留在事情中，所以決定晚上再打。

等我結束一天的工作已經是晚上 9 點，我想這會兒說「生日快樂」也來不及了，太晚了。

於是我什麼也沒說。到了晚上 10 點，我母親給我發了一條資訊：「我今天生日過的很開心，不要惦記我啦。你專心工作，不要太累了。」

看到簡訊的瞬間我的眼淚流了下來。開始是默默地流淚，後來是嚎啕大哭。

對母親的愧疚，對自己行為的懊悔，對拖延的痛恨，讓我決定改變這種現狀。

我閱讀了很多的心理學數據，才明白拖延症其實非常複雜。

拖延是我們對壓力的抗拒和迴避，但是迴避只會帶來更大的痛苦。

拖延症患者往往深受其苦，我知道的所有拖延症患者都非常痛恨自己的拖延，但就是不知道如何改變。

拖延的客觀因素：20%

有一部分人，拖延是因為他們具有一定的憂鬱傾向，而拖延的過程和結果也會加重憂鬱。對有憂鬱傾向的人來說，只能先解決憂鬱的問題，再來解決拖延。

拖延還和注意力缺陷以及缺乏自控力有關。

缺乏自控力並不可恥，必須明白的是：意志力本身是有限的資源。

如果你的意志力在某件事上消耗完了，在另外一些事上就會缺乏。

這些都是拖延的客觀因素。

拖延的主觀因素：80%

拖延的主觀因素則占了 80%，我們的絕大多數問題都是心理問題。

無論是對自我的不信任，覺得所做的事情缺乏價值，還是完美主義，如果不能克服心理問題，那麼再多的下定決心也只是口號。

為什麼我們會拖延？

主觀因素 1：低期望值 —— 缺乏對自我的自信，不願面對壓力

一個典型的拖延症患者的一天是這樣的：

卡著時間到了辦公室，開啟電腦，倒咖啡，然後先看看新聞，再去自己熟悉的論壇或社交網站看看有沒有新的資訊，光是瀏覽無關的內容就會花掉一個小時。

然後上司催促交策劃案 —— 上星期就要求做的策劃現在還沒動筆，截止日期是後天 —— 顯然很緊急了。雖然上司的催促令自己感到壓力，但是還是磨磨蹭蹭不想寫。還是下午再寫吧……要不做自己喜歡的事情？於是戀戀不捨地關閉了網站，然後開始做自己喜歡的工作，類似於連繫一個自己喜歡的客戶或者做一下下週的工作計劃。

就這樣，一個上午過去了，然後一個下午也過去了。最後還是什麼也沒寫，直到第二天才開始加班加點地寫。

主觀因素 2：低價值感 —— 覺得自己做的事情沒有意義

當你對自己要做的事情評價較低，覺得它沒有什麼意義時，你就會下意識地拖延。

我第一次真正嘗到拖延的苦果是在我工作的第二年。我工作第一年的時候還是很有活力的，但是日復一日的工作讓我覺得非常累。有個客戶並不懂行，還非常難纏，和他打交道讓我覺得很痛苦，每次都要花大量時間在非常基礎的事情上，我覺得我那時做的事情都是沒有什麼價值又非常耗費精力的事情。

「和這樣的人合作沒意思……和這樣的人合作也讓人痛苦……」

這種想法使我對自己的工作感到厭惡，所以我選擇了拖延。每次處理和這個難纏客戶有關的事情，我都會有意無意地拖延。並不是想為難他，只是不願意和他有任何接觸。

後來我們終於談好了一個合約，他把合約發給我，讓我稽核後再發回去。

本來幾分鐘就能做完的事情，出於奇怪的心理，我日復一日地拖延，直到他非常生氣地打電話過來，我才不得不去下載那個合約，這時最尷尬的事情發生了：因為已經過去一個月，這個郵件的附件已經無法下載了！

我硬著頭皮讓客戶再給我發一次合約，我想客戶也是第一次遇到這樣不可靠的事情。結果客戶對我徹底失望，直接取消了這次合作。

我內心不認可那個客戶（現在想起來他除了有些外行、苛刻以外也沒有特別不好的地方），進而開始不認同自己做的工作。

主觀因素 3：完美主義 —— 不能承受不完美的後果

你是否想過：

當你拖延的時候，你究竟在拖延什麼？

你也知道你在逃避，但是你在逃避些什麼呢？

為什麼我們總是傾向於把事情拖到最後一刻才做？

如果你最喜歡的美劇更新了，你肯定不會拖個三五天再看；如果你喜歡的人約你出去吃你最愛吃的火鍋，你也不會拖到一個月後。

拖延的對象，常常是那些讓我們感到壓力大的人或事。

●越是完美主義，越容易陷入拖延的陷阱

崇尚完美主義的人常常伴有深度的焦慮，總是擔心自己做的事情不夠完美，擔心自己做得不夠好 —— 完美主義的拖延是低期望值成因拖延的另外一種變化形式。

如果我做得不夠完美，就是我的失敗 —— 不完美說明我不夠出色 —— 我不願意面對這種未知的失敗，所以裹足不前。

我有個朋友在準備畢業論文。這個朋友在平時是當之無愧的學霸，但是他本來最為看重的畢業論文卻遲遲不動筆。

我對他說：「這可不是你的風格，你不是永遠第一個完成作業的嗎？」

他說：「我還需要再準備準備。」可是我知道他身邊的同學這個時候都已經開始寫了。

又過了一段時間，我覺得時間差不多了，就問他畢業論文的準備情況。他沮喪地說：「我還沒開始。我覺得我沒辦法順利寫完了。」

我很驚訝，他在上大學期間已經發表很多文章了，為什麼畢業論文卻不能順利寫完？

於是，我催促他快點著手寫。

大概過了兩個月，他打電話跟我說：「終於在截止日期前把論文交上去了！我今天早晨才寫完，然後連忙上交了。就差兩個小時！」

我覺得有必要和他好好談談，於是我們約了個時間見面。

我問：「你為什麼拖到最後才寫呢？」

他答：「我很害怕寫出來的論文不好。我對自己的要求很高，我希望能夠達到發表的水平。但是時間過得越長，我的信心就越不足。我的頭腦被各種論文無法透過的想像充斥了……我想：我完蛋了，我大學白上了……老師會怎麼說我？他還願意收我做研究生嗎？他肯定不會了……這些想法讓我覺得整個人失去了價值。這一想像讓我不能呼吸，所以我需要趕緊做點別的事情，來驅散這種恐懼。於是，我又刷了一遍《生活大爆炸》，和朋友們出去吃喝玩樂，寧願到操場跑步也不想去圖書館唸書……總之我要做點別的事情。直到臨近截止日期，到了我不得不馬上開始準備、否則就不能畢業的時候，因為緊急和慌亂，這些念頭終於不再纏著我了。那時我腦海中唯一的事情就是趕緊寫、趕緊寫，我的完美主義也不再作祟了，然後我才把它完成。不得不說，這感覺太糟糕了。」

表面上我們在逃避工作、逃避學習、逃避責任，實際上我

們逃避的是頭腦中的幻想，而所有幻想都是關於未來的失敗。

「當你拖到最後一刻，你必須得做了……」這一刻想像給現實中的緊迫讓位了，完美主義給「完成」本身讓位了，腦海中只有趕快乾而沒有無限的負面想像。世界終於安靜了，真好。

但是這卻是一種惡性循環，我們越品嘗拖延的苦果，就越對它上癮。

我說：「就算你的論文不成功，也不意味著你大學學業是失敗的啊。你被自己腦海中的想像嚇到了。」

一個實際的小小困難（寫畢業論文），卻被他想像成了人生中的大失敗、走下坡路的轉折點，實在是可怕的想像力。這種想像，常常出現在所有有拖延症的人身上。

不要被它嚇到了！

人生或許很殘酷，工作和學習或許很可怕，但是再可怕也沒有我們腦海中的想像可怕：不會比我們腦海中編造的未來劇本更駭人，也不會比我們心目中對自己的批評更糟糕。

為什麼我們學不會自律？

自律的核心是延遲滿足。

●絕大多數拖延症患者都屬於衝動型拖延

我曾經查閱過這樣一份資料：大多數拖延症患者都屬於衝動型拖延，在及時行樂和及時處理問題之間，他們都傾向於選擇前者。

這種高衝動和成長道路中的不良回饋有關。同時，他們對自我的期望也非常低：他們不相信自己的能力，也覺得自己做的事情沒有價值。最重要的是，他們很難察覺到：他們對自我的期待、對自己做的事情的認可度都低得可憐。

沒有一個拖延症患者是不自卑的。平時這種自卑也許會藏得很深，但是在需要做事的時候，這種自卑就顯現出來，以拖延的形式彰顯自己的威力。

●如何對抗拖延：停止恐慌，並重新設定快樂和痛苦的次序

當你充分了解了拖延的原因，它就不再可怕。不過，要對抗拖延，卻需要幾個步驟：

停止愧疚和恐慌：敵人都是紙老虎，拖延症也是。

重新設定做事的次序：不喜歡的事情提前做。

逐步增加自信：你成功的次數越多，你離拖延就越遠。

從根本上改變認知：察覺自己在拖延以及自己究竟在迴避些什麼。無論因為什麼讓我們產生拖延行為，都要及時進行糾正。

第1步：停止愧疚和恐慌 —— 放鬆是治療拖延的重要手段

愧疚和恐懼只會加重拖延。

對拖延症來說，有些我們常見的認知是錯誤的。

比如「愧疚可以改善拖延」，而事實恰恰相反，愧疚會加重

內心的壓力，而壓力只會讓人更想逃避，使拖延惡化。恐懼也會加重拖延，「再拖就來不及了」「再這麼下去我就完蛋了」等作為負面暗示，並不會使人積極起來，反而會使人壓力更大。

所以，我要對你說：在某些領域的失敗並不決定你整個人生的成敗，不要把拖延看得那麼嚴重。雖然它是個急待解決，也一定要解決的問題，但是拖延症的存在並不能否定你整個人的價值。

拖延症並沒有你想像的那麼可怕。

要知道：我們的任何看起來不符合常理的選擇，其實都是當下最符合我們利益的選擇。我們選擇拖延，是因為拖延在當下的我們看來，可以幫助我們迴避問題和痛苦。

告訴自己：拖延是有益的，但是拖延的害處要大於益處，所以我要改變拖延。而不是：拖延是絕對有害的，拖延會毀了我的生活。

不要在任何事物上加諸恐懼，因為這毫無益處。

當你真正進入放鬆狀態——而不是逃避或者做一些無意義的事情假裝這是準備動作，你會發現，你的拖延傾向反而不那麼嚴重了。

面對問題的痛苦，要遠遠小於迴避問題的痛苦。

當你發現並從內心承認這一點時，拖延的惡魔就自然而然放開你了。

第 2 步：重新設定做事次序 —— 重新設定快樂和痛苦的次序

先承受面對問題的痛苦，解決問題，然後再享受問題解決後的輕鬆和快樂。

如果我們在童年獲得了很好的照顧和教育，那麼通常能養成自律的習慣。

先從自己最不喜歡的工作做起。

改善拖延行為，可以從「先做自己不喜歡的工作」開始。

如果能在上班的第一個小時，立刻、馬上就做自己最不喜歡、最難的工作，

那麼做完它之後，一整天都會感到愉悅和輕鬆。方法只有一個：上班後立刻、馬上去做！不要看完新聞做，也不要倒完咖啡做！開啟電腦就立刻做！你會發現，一旦自己開始做，壓力立刻就小了！

上班 8 個小時，如果每天自己最不喜歡的工作要花費一個小時，那麼放在一開始就做，一天的工作時間就會變成：一個小時的痛苦和 7 個小時的輕鬆。但是拖到最後才做，就會變成：7 個小時的輕度痛苦（拖延帶來的心理壓力）和一個小時的痛苦。

哪個更划算，一目瞭然。只要你堅持這麼做，幾天後你就會感受到自己的變化：因為壓力的減輕，你會更喜歡上班，也會更有活力。

如果工作特別難，可以透過目標管理，把工作細化成很多可以掌控的小塊，而後一小塊、一小塊地去處理。

第3步：逐步增加自信 —— 透過小的進步增加自信

聯想集團總裁柳傳志在演講中曾經把聯想培養人才的方法比喻成「縫鞋墊」和「做西服」。

他說：「培育一個優秀的策略型人才和培育一個優秀的裁縫是一樣的路線，總得從簡單的事情做起，你不可能一開始就讓一個裁縫學徒去做西服，再有天分的學徒也需要從縫鞋墊做起，一步步進化到做短褲、裙子、襯衣，直到本領全都掌握才能做西服。」

對抗拖延也是如此，要從最小最簡單的事情做起。

第4步：從根本上改變認知 —— 真正改變拖延需要調整自我的認知

可以透過以上 4 個步驟，來改善和對抗拖延行為。但是真正從我們的身體裡拔除拖延的基因，則需要漫長的自我認知調整。

學會保持內心的覺察，及時感觸自己為什麼想要拖延，促使我們拖延的無論是缺乏自信，還是缺乏對自己做的事情的價值認可，都需要及時被發現和糾正。

在這個過程中，每一次察覺、每一次進步，都可以增加自信。

同時，也要增加對自己做的事情的肯定。你所做的事情，絕不是毫無價值的。因為如果真的完全沒有價值，你也不會去做。

學會挖掘自己工作的價值，比如：客戶雖然難纏，但這是我鍛鍊的機會。

再不濟：客戶雖然難纏，但是解決他是我的工作，我的工作是我的飯碗 —— 再也沒有比飯碗更重要的事情了。

告訴你一個祕密，我營造自己工作價值感的方法就是告訴自己：「這都是錢。」

雖然這樣很世俗，但是確實很有效。

在這個過程中，我們及時肯定自己的努力，及時為自己做的事情增添意義。這樣，你的自信每多一點，你離拖延就會遠一點。

●重新控制自己的人生，從不再控制別人開始

我朋友的母親是一個控制慾很強的人，而我的這個朋友從小就不願意受約束，所以她和母親矛盾重重。在她母親的眼裡，她的「青春叛逆期」同其他孩子相比要長得多。直到現在她還經常會做出被她母親視為「叛逆」的行為，在她被她母親指責之後，她才會意識到自己又叛逆了。

其實她的母親在絕大多數情況下，都覺得自己這麼做是為了她好，但是這位母親並沒有意識到，在這種「為你好而控制你」的思想後面，是有更深層次原因的。

曾經有一段時間我的朋友和母親的關係非常糟糕。我的朋友一直是個學霸，被保送到了一所重點院校，就讀醫學。選擇

就讀醫學實在是個錯誤的決定，因為我的朋友很討厭當醫生，非常害怕消毒水的味道，同時她的心理承受能力差，悲憫心又強，完全受不了看到患者的病痛和死亡。

　　學醫的那一年，她整個人無論健康狀態還是心理狀態都非常差。我一開始是不支持她放棄現在的院校、現在的專業的，但是有一天我去她的學校找她，遠遠看到瘦得脫了形的她，從那天起我開始支持她。我相信這個世界上真的有「某人不適合某事」以及「沉沒成本」這種事，如果繼續這樣下去，她只會失去更多。

　　但是朋友的決定卻遭到了她母親的強烈反對。她母親很早就和她父親離婚了，一個人帶著她，最大的願望就是她長大後能出人頭地。朋友的母親一直認為朋友的人生道路應該按照自己規劃的人生軌跡進行，突然出現這樣的一個轉折，對她來說無異於晴天霹靂。

　　所以當朋友告訴母親不想學醫時，她的母親幾乎陷入瘋狂狀態。在朋友的母親看來：「你什麼都不要做，就按照現在的軌道那麼走都做不到嗎？為什麼你就不能聽話呢？」

　　「你突然搞這麼一下，我無法接受！你敢退學我就去死！」

　　朋友母親的話給我的朋友帶來極大的心理壓力，她開始在退學還是不退學、聽話還是不聽話、去死還是不去死之間搖擺不定，是的，那會兒我這個朋友幾乎想到了自殺。

　　而給這一切推波助瀾的，是她母親時常打來的電話：「因為

你，我都很久沒睡過好覺了。」「我昨天晚上因為你的事情又失眠了。」或者「因為你的事情最近我的身體又不好了。」又或是「如果不是你的原因，我的心情不會一直都這麼糟糕。」「因為你我都不想活了！」

她的母親希望透過讓女兒做出改變，進而改變自己的情緒。當她感覺到沮喪時，那是「因為你才讓我失望」；當她感到憤怒時，那是「你讓我感到憤怒」；而當她覺得焦慮時，那是因為「你的行為讓我不安了」。因為這些負面情緒，她自己無法控制，所以當負面情緒出現時她就會打電話告訴我的朋友：「因為你的原因，我的心情十分不好，只有你做出改變，我的情緒才能變好。」

直到有一天，朋友不堪重負而自殺，她的母親趕到病房嚇壞了，在短暫地推卸了一會兒責任──「你真是快把我弄死了」「因為你我真的活不下去了」──之後，她的母親終於同意她重新選擇專業。

我們無法控制自己的人生，所以我們需要藉助別人的力量

我的母親在我小時候也常常對我說：「我曾經也有自己的理想，但是因為你的出生，讓我把自己的夢想都放棄了。」

在母親眼裡，我需要對她的情緒以及人生負責。後來我開始明白，我們想要控制別人是有原因的，當我們對自己的價值產生疑惑時，就想要得到別人的安慰或者肯定。所以我們就

想要去控制別人：因為你我才會有了這些負面情緒，這種情緒我自己沒有辦法處理，那麼就需要你做出改變，我的情緒才能變好！

　　後來我發現自己其實也是這樣。當我做決定時，我非常希望得到母親的支持，如果不能得到她的支持，我就會非常沮喪地告訴她：「你沒有給我信心，這讓我非常難過。」

　　我同樣也對自己產生懷疑，對自己不夠信任，所以想要透過他人給予的支持來建立信心。

　　心理學家 David Schnarch 提出：「一個人擁有一個兼具穩定且不斷成長的自我時，他才不會想要控制他人。」

穩定的自我：不會因為受到外界的影響而改變

　　我們首先需要知道穩定的概念。穩定的自我指的是一個人的自我價值感非常穩定，不會受到外界的影響。

　　舉一個很簡單的例子：擁有穩定自我的人，對自己價值的評價不會建立在任何人對其評價的基礎上。比如說：追求異性被拒絕，對大部分人來說都是一件悲傷的事情，在被對方拒絕之後，自我價值感可能會突然降低，會對自己失去了信心。但是一個自我價值感穩定的人不會出現這種情況，他們面對異性的拒絕，更多的是感覺雙方不合適。

　　而對那些將自我價值建立在他人的回饋上的人來說，談戀愛被拒絕這種事情會讓他們在很長一段時間內都十分失落。因

為他們認為被對方拒絕是因為自己的原因，自己不夠優秀，長相不夠出眾，所以才被拒絕。

不斷成長的自我：我願意進步和自我更新

　　不斷成長的自我似乎與穩定的自我互相矛盾，但實際上它們是相互輔助的，缺一不可。不斷成長的自我指的是你對自我的概念能夠隨著變化而改變，不斷更新。比如之前你對自我的概念是「我是一個熱愛學習的人」，根據這個自我概念，將所有的娛樂活動拒絕，這樣你的自我概念就是固化的。一個自我概念不斷成長的人願意不斷地進行新的嘗試，讓自己成長。

　　我們可以再舉一個非常簡單的例子：雖然我們每個人的性別都是固定的，但是兩種性別的性格在我們身上是同時存在的。如果你是一個男性，那麼你會盡可能地不在其他人面前流眼淚，因為你自己認為這種行為不符合你的男性特點；假如你是一個女性，在公司中雖然有些自己力所能及的體力勞動，但是因為怕被別人認為是女漢子，不符合自己的性別特徵，所以不敢參與。這些都是自我概念固化的表現。一個自我不斷成長的人能夠在不同的環境下表現出不同的自我，同時能夠將自己的男性一面和女性一面在恰當的時候表現出來，這就是不斷成長的自我的一種表現。

　　所以穩定並且不斷成長的自我，就是指一方面我們對自我價值的判斷不會被外界評價所影響；另一方面，我們的自我概

念不會受到約束，能夠在不同的情況下表現出恰當的一面。

那麼穩定而不斷成長的自我同喜歡控制別人之間又有什麼關係呢？

我們想要控制他人，也許是因為自我太虛弱

有穩定而不斷成長的自我的人，會把更多的精力放在自己身上；而那些習慣於控制他人的人，無一不是自我太過虛弱。

在人際交往的過程中，不要嘗試去控制別人，這點非常重要。

當你不再需要他人向你講述自己的祕密，以此來證明他是一個讓人信賴的人，他不願意將自己幹過的壞事跟你說時，你也就不會感覺到受傷；當你不需要透過別人的誇獎來證明自己的價值，別人對你沒有表達誇獎時，你也就不會感覺到沮喪；當你不需要透過別人的感激來讓自己感受到做好事的意義，別人沒有對你說出感謝時，你也就不會因此而憤憤不平。

當我們的自我價值感一直很穩定時，我們便有了足夠的自信不再需要去控制別人。因為我們知道：自身的價值並不會因為他人的態度而發生變化，我們存在就是有價值的，不需要透過他人的讚美來肯定我們的價值。

學會自我控制，而不是控制別人

什麼是好人？好人首先要懂得照顧自己的感受，並且愛護自己，而不是一個為了滿足其他人而犧牲自己的人。

學會了控制自己之後，就不再需要想方設法地控制別人。

穩定並且不斷成長的自我價值感需要不斷地練習，成功的道路還很長。

我自己一直在堅持練習，因為我知道你一直都陪伴我前行。

●建立一套完整而且有彈性的人格系統

通常我們更願意和情商高的人打交道，而同樣的人生旅程，擁有高情商的人走得更遠更順暢。

但是這裡，比高情商更精確的說法是：「擁有一套完整而且有彈性的人格系統。」

完善自己的人格系統是非常重要的，完整且有彈性的人格系統包含4個系統，每個系統都非常重要。缺乏任何一個系統，我們的人格都會有缺陷。

系統1：自控系統

自控系統是人格系統中第一位的系統，一個沒有自控系統的人在人生路上吃的虧、受的苦多得難以想像。

缺乏自控系統的女性可能會早戀、中途退學，有些女性擁有家庭後，仍然無法控制自己，也沒辦法更好地教育下一代，那些歇斯底里的女性家長就是這一類人。

而缺乏自控系統的男性則更為糟糕，他們可能會極早輟學，成為不良少年，長大後成為無業遊民。

絕大多數人都擁有自控系統，區別只是它的運轉情況是否良好。我們應該努力讓自己的自控系統變得完美。

如果自控力弱，我們就會放縱；如果自控力太強，我們又會淪為「好好先生」，或者成為那種過分守規則不知變通的人。不知變通的人一方面承擔了太多不屬於自己的責任，導致沒辦法聚焦到自己的目標，另一方面因為不知變通，永遠無法成為卓越的人。

想要做到自控，你需要有足夠的判斷能力和勇氣，這是一項既困難又複雜的工作。你將「追求誠實」作為自己的責任，就需要放棄一些不應承擔的責任。將眼光放長遠，推遲滿足感會讓你的生活變得高效和充實，同時當下的生活也要過好，透過自己的努力，讓快樂占據你人生的大部分時間。

系統 2：彈性系統

我們需要建立一種彈性的反應機制。

我們可以用憤怒舉例，比如說：當我們感覺自己受到了侵犯，或者因為一個人、一件事情感覺非常失望時，我們就會憤怒。這時我們該如何選擇？是暴跳如雷奮起反抗，還是默默承受忍耐下來？

不同的情況、時機和環境，需要不同的應對機制，這就是彈性。

憤怒本身有著非常積極的意義：我們想要正常生存下來，

憤怒是不可缺少的一種情緒。一個不會憤怒的人將被其他人壓迫欺負，無法正常生存。

在很多情況下，正面衝突又會讓我們的處境更為不利。

你需要讓你的判斷力來控制住你的情緒，提醒自己保持理智。在如今這個社會當中，想要順暢度過人生，需要有產生憤怒的能力，同時也要有控制憤怒的能力。

有時候可能需要我們暴跳如雷，有時候則需要我們平靜面對。是否要將自己的憤怒表達出來，應該取決於事件的性質、時機和場合，為此我們需要一套完整應對各種情況與場合的情緒系統，來提高我們的情緒表達能力。

很多人一直到進入中年才學會如何正確地表達自己的憤怒，這並不奇怪。一生都不知道如何正確地控制和表達自己的憤怒的人也有很多。

系統3：更新系統

我們需要在成長中繪製自己的人生地圖，並且不斷進行更新。

繪製自己的人生地圖，要求我們最大限度地尊重事實。

而尊重事實則要求我們能夠真實地看待問題，將虛假部分徹底拋棄。我們清晰地了解了事實之後，解決問題才會得心應手。沒有認清事實就著手解決問題，只會讓我們越解決越糟糕。

我們對於現實的認知就如同一張地圖，如果地圖十分準

確，那麼我們很容易就能從地圖中找到自己所在的位置，但是如果地圖中有虛假的地方，那麼我們就無法找到自己真正所在的地方。

道理非常簡單，也很容易理解，但很多人對此並不重視。我們在出生時對這個世界並不了解，但為了能夠更順利地在這個世界中生活，我們需要了解這個世界的事實，繪製出一幅屬於自己的人生地圖。當然，努力是必不可少的，沒有付出就沒有收穫。

我們越努力，地圖就越精確。我們越努力地了解這個世界的事實，我們所繪製的人生地圖就越精確，這對於我們今後的成長道路尤為重要。而如今很多人明顯對於認識事實缺少興趣。

有些人剛成年就放棄了人生地圖的繪製，這就造成他們對於世界的認識是不正確的、片面的、狹隘的。很多人過了中年就認為自己已經了解了夠多的事實，自己的人生地圖已經繪製得相當完美了，對於新鮮事物產生不了興趣，似乎對人生已經很疲憊了。只有很少一部分人能夠不停地探索努力，不斷地更新自己對世界的認知，直到自己生命的盡頭。

人生地圖的繪製非常艱難，因為我們要不斷地更新修訂，才能讓地圖的內容更加準確真實。

世界在不停地變化，冰山隨著溫度的變化出現之後又消失，文化隨著時間推移產生又流失……我們觀察這個世界的角度也在不斷變化和調整當中。

當我們從嗷嗷待哺、完全依賴父母的孩子一點點成長，成為充滿力量、被他人所依賴的成年人時，我們看待世界的角度會變化。

但當我們受到病痛或者年齡的影響時，力量就會逐漸消失，變得虛弱無力，需要依賴他人。

這些變化都會讓我們的世界觀發生變化。

讓你的人生地圖和你一起更新。

當我們貧窮的時候，世界在我們眼中是一種樣子；當我們富足時，世界在我們眼中又是另外一種樣子。每天都會有新的資訊、新的知識，想要接受吸收它們，我們的地圖就需要不斷進行更新。

當新的資訊越積越多時，我們只能對地圖進行大規模地更改，這讓我們更新地圖的工作變得很困難，有時還會讓我們感到非常痛苦，這甚至成為很多的心理疾病的病因。

人生短暫，我們只是想順利過完這一生。我們從孩童到青壯年再到中老年，經過不斷努力才形成了目前的世界觀，形成了自己的人生地圖，似乎已經很完美了。但是隨著世界的變化，新出現的資訊有可能會和我們之前的觀念產生衝突，需要我們對之前已經繪好的人生地圖進行大幅改動，這時我們就會感到恐懼，於是就採取逃避的態度，對新的資訊視而不見。

更有的時候，我們對於新的資訊不僅採取拒絕態度，還加以指責，指責新的資訊是錯誤的，是異端邪說。我們想將世

界的一切都控制在自己的手中，讓其符合我們已經繪製好的地圖，並拚命捍衛自己已經過時的觀念，卻從不考慮自己的地圖是否需要更新，這是一件非常可悲的事情。

系統 4：放棄系統

要想變得成熟，得學會從相互衝突的目標和責任中找到一個平衡點，這就要求我們必須不斷地進行自我微調，維持矛盾間的平衡。

學會放棄，這對於保持自我平衡來說非常重要。在人生道路上放棄一些東西必然會讓你感到痛苦。十歲的時候我因為貪戀下坡加速的感覺，不願意將這種感覺放棄，最終讓我領悟到了失去平衡所帶來的痛苦。

放棄發怒、放棄享受，這些都是比較小的痛苦。人生還有一些大的痛苦，比如說放棄固有的觀念，放棄已經定型的人格，放棄根深蒂固的行為模式……最痛苦的，無異於放棄自己的人生理念。

任何人在經歷人生當中的急轉彎時，都必須放棄一些東西，放棄那些原本屬於自己的東西。不願意放棄只會有兩個結果，要不就是遠離急轉彎，停在原地，不再前進，要不就是衝出道路，摔個鼻青臉腫。

很多人不願意放棄，他們貪圖享受，不願意承擔放棄享受帶來的痛苦。

但是，想要獲得自我的成長，學會放棄是必需的，雖然在整個過程中，你會像蛻皮的蛇一樣痛苦不堪，但是當你從裡面鑽出來時，便獲得了成長和新生。

●最重要的課題：找到心的方向

你的心的方向是向外，還是向內？

有個人問：「我很好強，在任何方面都不想被別人比下去，所以我現在壓力非常大，怎麼才能改變這種情況呢？」

如果你努力工作，是因為喜歡自己的工作，那麼你就會在工作中越來越有活力、越來越快樂。

如果你努力工作，只是想比別人強，那麼你工作時就會越來越辛苦。

總想比別人強，是因為你在潛意識中對當下的自己並不認可，你對自己進行審視、批判和譴責。

「你現在可不行啊，你得比現在更好才行。」

「你做得遠遠不夠呢，你要超過別人啊。」

「為什麼你就是不優秀？」

這種譴責，一開始是你內心對自己的批評，慢慢就會投射到外界，你會很快進入認為別人也不認可你的狀態。

我們的心就好像一個投影儀，你內心的想法是什麼，對應到外界你看到的就是什麼。

　　只有內心缺乏自我認可的時候，才會轉向外界，去尋求外界的認可。這無異於緣木求魚，你的問題出在內部，你卻向外部尋找答案。

　　這種缺乏自我認可，轉而向外界尋求認可的行為，常常是童年經歷導致的。如果你在童年時期沒有得到足夠的認可，在生長環境中沒有得到足夠的鼓勵，你就很難建立自信，你的內心是缺乏自信和力量的。

　　那些小時候常常被父母和別人家孩子做對比的孩子就是如此。

　　「你看看別人家孩子，你再看看你。」

　　再也沒有比這句話更能激起憤怒、憂鬱，打擊自信的了。

　　當父母總是對孩子這麼說時，即使孩子仍然感到憤怒，但是內心還是條件反射地建立起了不自信的機制。

　　長大以後，就會喜歡和別人比，透過比別人強，來建立自我的力量感；透過從外界尋求認同感，來彌補童年時沒有獲得的認同感。

　　但是，這條路終究難以抵達終點，因為你總會遇到比你更優秀的人。即使你打敗了周圍的 100 個人，獲得了巨大的滿足和力量感；當你遇到比你強的第 101 個人時，你的自信還是會瞬間崩塌。

停止向外尋求：其實外面什麼也沒有

其實外面什麼也沒有，你想要獲得的，都藏在自己的內心裡。如果你想要獲得認同，那麼自己給予自己。

想要獲得成就感，那麼透過完成工作、完成每一件小事來獲得。

我有個小本子，上面記錄了我每天的成就。每做完一件事，我都會在上面簡短地添上一筆：

今天教學工作很順利。

成功連繫了一個客戶。

參觀了一個學員的新店，感到非常高興。

中午吃飯沒有剩飯。今天走了 15,000 步，超過了計步器給我定的目標 —— 10,000 步。

這些簡單的記錄，就能讓你有非凡的成就感。

你會創造出什麼，取決於你自己

人生道路該如何走，其實是你自己選的。你能創造出什麼，我想也取決於你自己。

我的學生之中有一個例子：這個女孩是一名化妝師，從事這個行業已經一年有餘了。

談起她為什麼學化妝，也是一個巧合，最初她是在事業單位工作。2011 年，她被單位委派到了深圳辦事處，因為單位在這裡接了 5 個專案，採取的是管理層調派、一線員工應徵的

辦法。她的職責是接洽專案負責人，協助專案的管理。專案初期是比較忙碌的，後期就比較清閒了，經常四五天都沒有工作做，當然，薪資還是照常領。

她的性格是喜歡新鮮事物、喜歡工作的，這樣清閒的工作狀態讓她非常不適應，事業單位的人事傾軋也讓她感到力不從心。

為了散心，她就想學點技術。作為女孩子，學化妝對自己也很有用，反正是打發無聊的時間。剛好妮薇雅離她公司駐地很近。她來參觀了一次，就開始在妮薇雅學習化妝。

我注意到她很有天賦，這種天賦是對美的觸覺，於是常常給她開小竈。對她來說，一開始是把化妝當做業餘愛好的，即便畢業後，她也沒有想過要做化妝師。自己工作做得好好的，幹嘛要轉行啊？

契機是這個女孩的一個朋友要結婚。朋友結婚，這個女孩每天都跟著幫忙。那天朋友去化妝，準備拍攝第一組照片，她一看那個化妝師的手法，就覺得不對。

因為她朋友的臉本來就比較平，沒有立體感，有些部位用深一些的粉底，才能顯出立體感，才能更好看。可那化妝師用的都是一個色調。後來一拍，果不其然，她朋友的臉成了一張平平的大餅，還沒有真人好看。於是她說：「這化妝師技術不行啊。」朋友看她抱怨，就說：「沒關係的，我一直都不怎麼上相啊，你知道的，別錯怪人嘛。」「要不我試試，化不好再讓化妝

師給你補妝。」朋友答應了，第二組是復古的風格，她朋友穿的是豔麗的紅旗袍。她坐在化妝臺那兒，開始根據朋友的特點給朋友化妝。首先，朋友的臉比較平，需要在腮下和鼻子調下不同的色調，顯現立體感；再來，是拍復古的照片，臉一定要紅一些，面若桃花，眉間點幾個花瓣。她用心地給朋友化妝，感覺自己是在塑造一件藝術品。最後化完妝，不僅朋友自己越看越喜歡，那個化妝師也忍不住多看了幾眼。

照片拍出來以後，朋友自然是對她的手藝讚譽有加，影樓老闆也叫那化妝師多跟她學著點。化妝師問她在哪裡高就，以為她是同行呐。

這一次的小試牛刀使她建立了信心，也讓她在朋友圈出名了。朋友需要盛裝出席時，基本都找她化妝了。她被人誇多了，自然就有信心了，本地的那些化妝工作室她也去看過，對比起來，她覺得有信心做好這份工作。

業餘化妝事業的風生水起，也映襯了她在本職工作中的落寞。事業單位的清閒太讓她難受了，收入也屬於吃不飽也餓不死的狀況。

她尋思著辭職。前面說過，她屬於閒不下來的性格，她覺得這簡直是在浪費生命，她想辭職做化妝師，做一份自己的事業，進入有收入、有興趣的行業。

她回到家跟父母談這事，自然是被反對：鐵飯碗的工作你不要，去搞那些，能賺幾個錢……

　　她給出的理由很簡單，在事業單位雖說穩定，但一輩子就只能那樣，沒關係，是沒辦法晉升的，只能依靠工作職務獲得報酬，與她個人的能力無關。而她自己做化妝師卻不是如此，她有一分錢的能力，就會賺一分錢，能力永遠是只進不退的。她自己有這個能力，那才是穩定，那才是一輩子有飯吃，況且她不喜歡在事業單位裡渾渾噩噩地度過一生。

　　父母見她固執，也不願多說，只叫她先辦個停薪留職，去闖一闖，做不好再回去上班，這樣也甘心。

　　2012 年 6 月，她的店開業了，一開始為了節省費用，她租了一間只有 8 平方公尺的小門市。雖然艱苦，也樂在其中。她偶爾會接一些個人的單，再就是跟幾家婚慶公司、影樓合作，每天忙得不亦樂乎。

　　她化妝的方式跟別人不一樣，她是首先從客戶的缺陷入手，尋求彌補客戶缺陷的方法，哪裡不好看，就專門找哪裡；其次看客戶什麼部位好看，再錦上添花；最後按照客戶拍照的要求進行妝點，歐式的、東方的、甜美的、妖嬈的。

　　剛開始，她跟客人講你這裡不好看，那裡不好看，怎麼怎麼修飾時，客人第一反應就是陰著臉。當她給客人講解她打算怎麼來處理這些不好看的部位，讓這些缺陷變成優點，變成特點時，客人又總是笑逐顏開。當然，最關鍵的還是化出來的效果，若客人覺得好，自然就肯幫忙宣傳。她從來沒有打過廣告，都是憑口口相傳，慢慢的小店的生意越來越好。

她覺得化妝師是魔法師，讓不同的人展現出不同的面貌，讓人體會到自己不同的一面。目前她還沒有什麼特別大的目標想去實現，她說能做自己喜歡的事情，已經很知足了。化妝師是自己喜歡的工作，她覺得每天都過得很有意義，收入上也比之前的穩定工作更高。

　　你能創造出什麼樣的成果，你會走什麼樣的路，這些都取決於你自己。

第九章
勇敢做異：生活寬度與內心廣度的映射

那些最聰明的人，他們的專注點永遠在當下。

要改變貧窮以及貧窮帶來的種種劣勢，並沒有想像中艱難。因為，你可以比自己想像中更強大。

看著腳下，繼續前進，才是獲得人生幸福的最終法則。

● 讓每件小事成就未來的你

我也曾有年輕懵懂、不知道未來方向的時光。但是，現在想起來，我進步最快、收穫最多的時候，就是我對未來一無所知的時候。我在那些時刻做出的努力，後來都一一回報給了我。

年少的時候，最重要的是讓每件小事來成就未來的你，讓那些你每天都在做的、習以為常的事情，成為你未來的助力。

這麼多年過來，我有幾點感悟放在這裡與大家分享。

功不唐捐

你的努力不會是白費力氣，也許是工夫到了自然會水到渠成，也許是無心插柳柳成蔭。所有你的努力，都會在未來的某個時刻以某種方式回報給你。

所以當你感到迷茫的時候，一定要盡量多做一點事情，因為你不知道哪件事情會決定你的未來。

迷茫並不可怕，如果不知道自己大的策略方向，可以從小的目標開始。

比如學會一項技能、提升自己的英語能力、每天堅持走10,000步、去報名一個略有難度的考試、和朋友一起做一個專案……

在這個過程中，你會慢慢看到自己內心的方向，看到自己未來的路。

善待你周圍的人

我走到今天，其實家裡並沒有什麼背景，我是普通的農村孩子。但是我一路上遇到了很多貴人，他們對我有非常大的幫助。

曾經有一次，我簽一個合約，跑了很多次都沒簽成。其實是對方經理想多要回扣，他清楚，我也清楚，但是我捨不得也給不了那麼多回扣，只能耐著性子慢慢磨。

直到有一天，我去的時候他們公司還沒開門，我穿著套裙和高跟鞋，在院子裡等著。

一個大爺在那兒掃地，掃著掃著可能是被灰塵嗆到了，他開始咳嗽。我看了看周圍沒有人，就過去幫他拍了拍。

他緩過來後向我道謝，我並不為意。

他看了看我身上的裙子有點髒了 —— 可能是幫他拍的時候

蹭髒的，他有點抱歉。我就隨手撣了撣，說：「沒事。」

然後大爺也不掃地了，我們就聊了會兒。

先是說了說天氣，說了說經濟形勢 —— 別笑，掃地的大爺就不能關心金融危機嗎？

我們聊得還算投機，然後他問我：「這麼早來幹嘛？」

我抖抖手裡的包，說：「有個合約不太好簽。」更細的我也沒說，也沒必要。

大爺點點頭，也沒再問。我們就繼續聊了一些無關緊要的。

到了 9 點多鐘，員工都來上班了，我還是在門口等經理。

公司經理來了，看見大爺，叫：「爸。」

大爺點點頭。我挺吃驚，原來世界上真有「掃地僧」這麼回事啊。

然後大爺指了指我對經理說：「一早來等著簽合約的。我剛才掃地嗆著了，小姑娘幫我拍了拍。」

經理點點頭，然後把祕書叫了過來：「你去陪著辦吧。」

這事兒就這麼簡單地解決了。說起來很像個雞湯，但是它確實是真實發生的事情。

任何時候開始努力都不晚

蔡康永有一段話：15 歲覺得游泳難，放棄游泳，到 18 歲遇到一個你喜歡的人約你去游泳，你只好說「我不會」；18 歲覺得英文難，放棄英文，28 歲出現一個很棒但要會英文的工作，

你只好說「我不會」。人生前期越嫌麻煩，越懶得學，後面就越可能錯過讓你動心的人和事，錯過新風景。

不要將精力耗費在無法改變的事物上，學會專注於當下

如果一個人在處理事情時，總是無法專注於當下，注意力永遠在未來的得失上：這件事會不會成功？會給我帶來什麼收益？別人的收益是不是比我多？我會不會吃虧？……那麼你當下的行為就會變質。

當你專注於當下，專注於眼前具體的問題時，未來的事情反而會水到渠成，自然而然地發生。未來的矛盾也會隨之迎刃而解。

那些聰明的人，他們的關注點永遠在當下。他工作的時候不會想到其他，他做事的時候也不會心思散亂。

我不願意看見你碌碌無為

在 2015 年的春節馬上就要到來時，我寫了一封信給我快要畢業的學生們。信的標題是：我不願意看到你碌碌無為。

這封信我手寫出來，然後影印了很多份，每個即將畢業的學生都收到了這封信。

現在，我很願意把它放在這裡：

三個月前，我迎來了你們中的大多數人。其實每一年，我都要送走很多學生。在每撥學生踏上新的征途的時候，我都想對你們說兩個字，那就是「牽掛」。

你們是否找到了適合的工作？我們牽掛著……

你們中的一部分人，即將踏上工作職位，那可是不像在學校那麼簡單和單純的，你既需要充分地展示自己，又不能過分地表現自己；你既需要尊重領導和前輩，又不必刻意去逢迎；你既需要有理想和目標，又不能刻意追求，過於功利；你既需要與同事競爭，又需要與他們合作……

親愛的寶貝們，你們準備好了嗎？我們牽掛著……

成功更容易光顧磨難和艱辛，正如只有經過泥濘的道路才會留下腳印，請記住，別有太多的抱怨，成功永遠不屬於整天抱怨的人，抱怨也無濟於事；請記住，別沉迷於虛擬的世界，得回到現實的社會；請記住，「勇於競爭，善於轉化，要做就做狼，不做羊！」

親愛的同學們，如果問你最不喜歡的一個字的記憶，那一定是「被」。我知道你們不喜歡「被就業」「被堅強」，那就挺直你們的脊樑，挺起你們的胸腔，自己找工作，自己去創業，堅強而勇敢地到社會中去闖蕩。

2014 年，這個在數年前看起來是「未來」的詞語，從今天開始，過去了，翻篇了。時間就這樣流逝，親愛的同學們，你們是在期盼在新的一年裡完成自己的計劃、理想，還是在為碌碌無為的 2014 年感到後悔？

2015 年，這個遙不可及的時間，就這麼來到了。或許你展望 2016 年、2017 年時會覺得這些時間看起來很遙遠，還有很長

的日子，但這些時間會和 2015 年一樣，悄然來到，毫不拖延。有一句話，是我很欣賞的：

「每一個讓你厭惡的現在，都有一個你碌碌無為的曾經。」

當你們抱怨現在的自己沒有錢、沒有一技之長、沒有人脈、沒有好的身材或者好的氣質的時候，你們是否有想過當別人在努力奮進的時候，你們在無所事事？當別人咬牙逼自己做事的時候，你們認為自己好辛苦，需要多多放鬆、享受生活。

那些前怕狼後怕虎，做抉擇的時候考慮得萬分周到的人，你們的決定有多少付諸行動了？

你們擔心的事情太多了，你們總想要做出一個完美的決定。但我遺憾地告訴你們，這個世界上沒有完美的決定。人的精力是有限的，時間是有限的，機遇、時間也是有限的，當你們還在苦苦等待上天給你鋪好康莊大道的時候，別人已經在抉擇的道路上前行了。當別人跌倒的時候，你們會慶幸自己的選擇，「這事哪有那麼好做，這是要憑實力的，就憑他還想成功？」當別人成功的時候，你們卻只有暗暗後悔，或者認為自己沒有那個實力，不是那塊料。

任何追求都是有風險的，而正是這種風險，讓我們的追求成為一種光榮。在追求道路上的阻礙，將成為我們成長的奠基石。倘若任何追求都沒有風險，那天下豈非人人都是巴菲特（Warren Edward Buffett）、比爾‧蓋茲（Bill Gates）了？

「風險」二字令弱者厭惡，在成功的道路上，把弱者通通

擋在了門外；「風險」二字，令強者狂熱，因為強者知道，風險，意味著人生的磨礪和豐厚的回報。我承認有很多人為了追求，付出了沉重的代價。但我確確實實也看到，很多人沒有任何追求，隨遇而安，也並沒有過得更安逸舒適。原因很簡單：倘若去追求，雖有失敗的可能，但也不乏成功的可能，但不去追求，則永遠只會失敗。還有未做的事情，還有後悔的事情，請你千萬要抓緊，時光匆匆、人生匆匆，來到這個世界上，不是為了與週遭親戚比那點收入，不是為了與幾個朋友攀談下小資生活，更不是以認識某個開著寶馬車的人為榮。人與人從生理上來說，都是一樣的。但為何在社會這個環境中，人與人的差別那麼大？這種差別，就差在學識、資質、智力、機遇、決心，這些都是你們自己可以掌控的。2015 年馬上就要到來，看似陌生的一年，也會如「2014 年」這個詞語一樣，來也匆匆，去也匆匆。你們是要猝不及防地的等待著 2016 年、2017 年，還是從現在開始，把人生的目標一步步實現？

在這裡，就不多祝你們新年快樂了，只願能夠讓你們感受到時間的流逝。

●來，認識一下貧窮面前的四座大山

貧窮並非是不能改變的，但是想要改變貧窮，需要付出巨大的努力。很多人終其一生，「貧窮」一詞都如影隨形。

貧窮使人們在社會競爭中處於劣勢，我們要改變貧窮，首

先要對貧窮帶來的劣勢有一個清楚的認識，要知道貧窮會給我們帶來什麼不良影響，然後再有針對性地改變劣勢，否則貧窮的現狀就很難改變。

面對貧窮，從承認和面對貧窮帶來的劣勢開始。

準備好了嗎？

貧窮帶來的，是橫亙在我們面前的四座大山：心理劣勢、思維局限、資源匱乏和養育劣勢。

貧窮面前的大山1：心理劣勢

貧窮很容易讓人產生心理上的劣勢，主要包括以下幾種：

①自卑，還有自卑引起的自大。

貧窮常常會導致自卑，認為自己不如他人；同時又很容易因為自卑而產生一種盲目的自大心理，比如「他們就是出生環境比較好，如果讓我成長在同樣的環境下我比他們強多了」。

自卑通常還帶來怯懦，使我們不敢嘗試新鮮事物。一方面，青少年時期貧窮的家庭無法提供過多的新鮮事物讓孩子去嘗試，在孩子的請求屢遭拒絕之後，對新鮮事物漠不關心的思想就很容易產生；另一方面，因為很多新鮮事物都沒有接觸過，為了避免被周圍人發現，所以對於新鮮事物不願意嘗試。

②過分守規則，不懂靈活變通。

在大部分貧窮的家庭中，父母為了生活往往都非常忙，沒有足夠的時間跟孩子溝通，所以家庭教育的主題就是服從。貧

窮家庭的孩子進入社會之後，便很容易服從各種規則，但對於規則本身並不會去思考，雖然大多數時候這並不是一件壞事，但這種本能有時也會阻礙日後的發展。

貧窮面前的大山 2：思維局限

人的大腦所能考慮的東西是有限的，考慮的事情越多，平均到每件事情上投入的精力就越少。當一件事情占據主要地位時，那麼這個人投入其他事情的精力就會大大減少。

貧窮家庭的孩子考慮最多的往往是金錢問題。金錢問題會一直困擾這些孩子，占據其大量的精力，使其工作和學習能力受到影響；並且金錢的缺少也會讓他們對成本和損失更加重視，陷入思維陷阱。

美國有一個團隊曾做過一項研究，他們的研究對象就是資源匱乏的人群，研究目的是了解這些人的思維方式。研究得出的結論是：貧窮的人的注意力往往被自己所缺少的資源所吸引，從而導致其對其他事物的認知和判斷能力都有所下降。

穆來納森（Sendhil Mullainathan）是這項研究的主導者，他是美國哈佛大學的一位教授 —— 29 歲時就獲得過「麥克阿瑟天才獎」，普林斯頓大學的沙菲教授是穆來納森的主要合作者。這項研究成果最早發表於美國的《科學》雜誌上，發表之後立刻引起巨大反響，在還未成書出版的時候就被列在年度十本必讀的商業書籍榜單內。

穆來納森之所以對這項研究感興趣是因為自己的拖延症。7歲時他從印度來到美國，很快就適應了這裡的生活，從哈佛畢業之後便來到麻省理工學院教授經濟學，在獲得「麥克阿瑟天才獎」之後又被哈佛聘為終身教授。此時他剛到而立之年，一般人看來此時他的人生應該非常圓滿了，但是他自己卻不這樣認為，他總是覺得自己的時間非常少。穆來納森的大腦裡總是有很多項計劃要完成，但因為時間原因，總是不能全部完成。

大部分人遇到這種問題時都會找自己在時間管理上存在的問題，但穆來納森卻將自己的問題同貧困研究連繫了起來。研究之後他發現，自己的狀況同窮人的焦慮情況非常像，區別就是一個缺少的是時間，一個缺少的是金錢。兩者共同的地方在於即使你給了窮人一筆金錢，給了缺乏時間的人一些時間，他們也總是無法將這些資源很好地利用起來。

長期處於一種資源缺乏的情況下，讓人們將自己的大部分注意力都放到了這種資源上，卻忽略了更有價值的因素，從而產生心理上的焦慮，而且不能合理地管理利用資源。

也就是說，當你長期缺乏一種資源時，你的分析判斷能力就會受其影響，導致你今後相關的行為都會失敗。

研究得到了一個結論：一種資源的長期缺少會讓大腦形成一種「頭腦匱乏模式」，這種模式會讓人失去正確分配資源的能力。一個貧窮的人，為了維持生活，對於金錢方面一直都精打細算，所以對於今後的投資和發展不會有所考慮；一個每天都

非常忙碌的人，總是會被一些看上去非常緊迫的事情所拖累，對於今後的長遠發展計劃從來沒有時間去考慮，因為他的時間都被眼前的緊迫事情所占據了。

即使他們有一天不再處於資源匱乏狀態，這種「頭腦匱乏模式」也會跟隨他們很久。

貧窮面前的大山 3：資源匱乏

貧窮的人對於金錢自然非常缺乏，而人際關係、物質資源和社交網路同樣也會受到金錢的影響。

首先，金錢的缺少必然導致物質方面存在劣勢，而物質方面的匱乏會導致在人際交往中無法投入資源，造成人際關係的劣勢。人際關係的劣勢又導致了資訊的劣勢，因為人際關係是獲取資訊的一個很重要的途徑，人際關係不足，獲取資訊的能力自然就會下降。資訊的缺少又會讓今後的發展方向很難掌控。

貧窮面前的大山 4：養育劣勢

貧窮帶來的劣勢之中，還有培育下一代的劣勢。

之前說過，貧窮的家庭的父母為了維持生活，往往都十分忙碌，沒有足夠的時間用於教育自己的孩子，從而導致孩子形成服從性格，限制了孩子的發展。孩子在學校中受到的教育也會因此產生劣勢，這些劣勢很容易讓貧窮遺傳到下一代。

●克服劣勢：你比自己想像的更強大

那麼，如何克服貧窮帶來的這些劣勢呢？

在貧窮面前，其實我們都比想像的要更強大。

第一點非常重要，就是你對自己的貧窮狀態如何定義。

想要將這些問題解決，首先要正視它們的存在，用一個良好的心態去接受這些問題。

我們經常會從新聞上聽到這樣的事情：

甲家庭貧困，當父母穿著破爛的衣服來學校看甲時，甲卻不願意和他們見面，並且不願意向周圍人承認這是自己的父母。

乙家庭貧困，卻在物質方面拚命和周圍富裕家庭的孩子攀比，為此甚至不惜走上犯罪道路。

丙家庭貧困，因為金錢和物質的缺乏，他感覺自己和周圍人差距很大，逐漸產生了自卑心理，不願意同周圍的人接觸，最終走向邊緣化。

「我是誰？」這個問題大多數人都沒有仔細考慮過，也沒有在意過。雖然如此，但是這個問題無時無刻不在影響著我們。

我們想要透過某些東西將自己同其他人區別開來，這樣就需要一個有關自我的定義。

「你是誰？」這個問題的答案不是固定的，在外國你可以回答你是華人，在國內其他縣市你可以回答自己是臺北人、臺中人、臺南人，在自己的縣市，你可以說自己是 XX 市的人。

在一群比你更窮的人群當中你是富人，在一群比你富的人群當中你是窮人。

一個人總是用自己和其他人的不同來定義自己。但是這些定義有好的也有壞的，不是每個定義都能讓人開心。人們有時會想方設法得到一種定義，但有時又會盡量避免一種定義。

如果你在 21 歲第一次受別人邀請去西餐廳吃飯，進入餐廳之後面對桌子上放的餐具不知道如何下手，這時周圍的人問你：「你沒有吃過西餐嗎？」時，你會如何應答？

選項 A：悄悄地觀察周圍的人是怎麼使用餐具的，然後模仿他們。

選項 B：回憶自己看過的外國電影，模仿電影中人物的做法。

以上兩個選擇很明顯都是錯誤的，最好的選擇是很坦然地告訴你的朋友：「我之前確實沒有吃過西餐，需要請教你應該怎麼用餐具。」

想要掩飾自己沒有吃過西餐這件事，無非是不想讓別人將自己定義為「沒有吃過西餐的傢伙」。如果你對自己有一個完整的定義，那麼對你來說「吃沒吃過西餐」這個定義就是無所謂的。這種事情沒有人會真正在乎。

很多時候只有自己才會對這種事情非常在意，而造成這種情況的原因，就是你對自己沒有明確的定義。

你對自己的定義可能是「沒有錢的窮傢伙」「沒錢穿名牌的土包子」「從來沒有出去旅遊過的窮鬼」，但是如果你對自己有一個新的定義，那麼以上這些就沒有什麼意義了。比如：

「才華橫溢的作家」；

「體能過人的運動員」；

「可以將馬拉松全程跑完的厲害角色」；

⋯⋯

對自己缺乏定義的人，喜歡透過奢飾品、特殊的衣服、奇怪的髮型等來定義自己，非常在乎自己在一件事情上是否能夠和周圍的人保持同樣的水平，至於這件事情本身是否重要他們並不在乎。

貧窮並不是你的定義

如果你是一個貧窮的人，那麼你需要記住一點，貧窮並不是你的定義。你因為貧窮而感到抬不起頭只能說明你對自己還沒有正確的定義，你還沒有做出成績，沒有找到一個能夠正面超越他人、顯著定義自己的技能。

很多技能並不需要金錢的支持，只要你願意為此花費時間和精力，你就一定找到一個可以定義你自己的技能，而之前的定義就毫無意義了。

貧窮很容易帶來自卑，為自己尋找一個積極正面的定義，就能夠將自卑心理壓制住。

能夠專注做事是你最大的優勢

專注是窮人具有的一大優勢。因為在長期的貧困生活中，很多窮人被動地抵制住了多種外界誘惑，練就了強大的自控能力。所以很多出身貧窮的人，往往能夠非常專注地去做一件事情，付出全部努力。

很多想要改變困境的窮人有一種錯誤的思維模式，就是「只要付出足夠的努力，就能夠獲得成功」。雖然想要獲得成功必須努力，但是並不是只要努力就能獲得成功，努力只是成功的一個條件。

想要成功首先要做的就是找對方向。貧窮的人手中擁有的資源有限，允許自己犯錯的餘地較小，所以選擇自己的努力方向非常重要，在選擇時要仔細考慮，多方獲取相關資訊，判斷自己選擇的方向是否真正適合自己。

知識的四個像限

世界上的知識可以分為四種：我知道我知道的知識，我知道我不知道的知識，我不知道我知道的知識，我不知道我不知道的知識。

我知道我知道的知識，是我已經了解掌握的。

我知道我不知道的知識，是我知道這種知識的存在，但是自己卻還沒有掌握。

我不知道我知道的知識，是我已經掌握了一種知識，但一直沒有碰到能夠運用這種知識的情況，所以並不知道自己能夠運用這種知識。

我不知道我不知道的知識，是一些我都不知道它們存在的知識，更談不上掌握了。

對於最後這種都沒有聽說過的知識，我們可以將它稱為「隱藏的知識」。前三種知識都不會成為阻礙我們成長的絆腳石，我知道我沒有掌握的知識，當需要運用到這種知識時我可以馬上進行學習。但對於第四種我都不知道它存在的知識，當我遇到困難時，我都不知道應該使用什麼知識才能解決，自然無法主動學習。所以第四種知識是對一個人發展的最大制約。

很多人是透過家庭教育了解這種隱藏的知識的，但是在貧窮家庭中受到的教育有限，所以很多隱藏的知識貧窮的人並沒有學習到。

比如，貧窮家庭的父母沒有乘坐過私家車，所以就不知道關於乘車方面的禮儀。很多人在別人開車來接時，直接開啟後門就坐到後排右邊的座位上去了，他們不知道乘車座位還有相關的禮儀。

當然，這些問題不是什麼太大的問題。

但是有的時候，這樣的小問題導致的結果是非常嚴重的。比如在上大學選擇專業時，自己本來有機會選擇一個非常有前景的專業，卻因為不了解，不知道該專業對自己以後的發展有

什麼樣的影響，錯過了選專業的機會，這將會對一個人的人生產生巨大的影響。

多看書，多和不同領域的人交流，不要不懂裝懂，這樣就能夠將自己的視野變寬廣，獲取更多的隱藏知識。在風險和代價較小的情況下多去嘗試新鮮的事物吧。

合理地表現自己，將使你更快地脫穎而出

貧窮的人因為條件限制，在步入社會初期通常是給別人工作。在給別人工作的時候不能盼望有貴人主動來發掘你，而要學會主動地去表現自己。伯樂在當今社會還是有的，但是非常少，你自己有能力但不主動表現出來，那麼你的老闆不一定知道。出了錯誤你不出來解釋，老闆就容易將責任歸咎到你身上。

自己為工作額外付出了，要讓老闆知道；工作上做出了重大成績，要學會用合理的方法在老闆面前展示出來。

曾經有人問過我：「在工作中出了錯誤，但責任並不全是自己的，這時應該推卸責任還是應該將責任主動承擔下來呢？」

我們可以從公司管理者的角度來看待這個問題，管理者希望的是什麼？是你主動承認錯誤還是將責任推卸到他人身上？都不是，管理者希望的是不要出現錯誤。

但是現在錯誤已經出現了，那麼管理者希望什麼？

在錯誤已經出現的情況下，管理者關心的是如向糾正這個錯誤或者做出補救，將損失降到最低。

「這次的問題是因為供應商那邊出了錯」——「如果供應商每次都很順利簡單地將我們需要的東西給我們，我們為什麼還需要專門的人負責採購呢？」

「這次錯誤都是我的疏忽導致的。」——「那你可能不適應這項工作，需要重新考慮自己的職業規劃了。」

當我們在實際工作中遇到這種問題時，我給的建議是告訴你的主管：「我這邊出了一個錯誤，因為供貨商犯了 1、2、3 這些錯誤，我也出現了問題，錯誤在於 4、5、6。根據目前的情況，針對錯誤採取的補救措施是 7、8、9，為了防止今後出現類似的錯誤，我想到的方案是 10、11、12。詳細內容我發到您的郵箱裡了，您可以看一下。」

● 計劃的重要性：愚公是如何移山的

關於目標和計劃，有兩條定律：

定律 1：計劃比目標更重要。

定律 2：計劃不完善，等同於目標失敗。

業務經理詢問自己的下屬：「你這個季度的業務目標是多少？」

下屬說：「70 萬！」

業務經理又問：「那麼你一個季度大概工作幾天？」

下屬說：「一個月差不多 24 天，一個季度就是 72 天。」

業務經理說：「所以說，要達到你的業務目標，你平均每天

要做出 10,000 的業績。那麼過去幾個季度，平均每個客戶給你帶來多少業績呢？」

下屬說：「平均每個客戶是 5,000，所以我得每天找到兩個客戶，然後一個季度找到 144 個客戶！」

業務經理說：「那麼你做好如何在一個季度內找到 144 個客戶的計劃了嗎？是否有 144 個客戶在你的日程安排裡了呢？」

下屬搖搖頭：「我還沒開始做計劃……」

業務經理說：「你的目標可以抹掉了。它不會實現了。」

計劃就是如此重要。愚公移山聽起來荒誕，如果真的能夠按照他的計劃做，子子孫孫無窮匱，那麼移山還真不是個問題。

關鍵是要重視計劃的重要性

我有個學生，我非常看重，這個孩子很聰明很努力，也很有悟性，她從學校畢業後我一直關注她。過教師節時，這個孩子給我打電話，說由於地域和工作的關係，無法回到妮薇雅給我送上祝福，只能透過電話祝福我。

通話 20 分鐘，幾乎有 18 分鐘是在談她的工作和未來的方向。

她說：「最讓我感嘆的還是，這教師節一年一年地過，但我覺得我至今還沒有真正畢業，要學習的東西太多了。」

於是我話鋒一轉，問她：「你現在一個月賺多少錢？做到哪個位置了？」她挺有信心的：「我去年拿了 45 萬，平均下來，

一個月能拿 40,000 吧，現在是店裡的主要髮型師。」

顯然她覺得自己還不錯啊，和同齡人比起來，她的收入比他們高出一大截。但是，這些在我看來是遠遠不夠的。

我再問：「你這已經工作差不多兩年了，建立了多少客戶關係？」

顯然她有點蒙了：「我主要是專心上班，做職責內的事情，客戶那些還沒多想。」

我語重心長地說：「你在店裡做髮型師，要利用好現在的機會，建立客戶關係，以後你創業的時候，這些客戶基礎能讓你少奮鬥一年。或者你哪天升職了，自己要負責一個分店的營運，你學會建立客戶關係，對你以後當經理、部長而言，是很大的財富，更是你一輩子要學的東西。我希望下次再和你通話的時候，你能和 50 個以上的客戶保持好關係，成為友好的朋友……」

她聽得很認真，同時又有點沮喪：「唉，每次跟您溝通，我都會覺得我要學習的東西太多了，您似乎從來沒有對我滿意過。記得以前在學校的時候，明明我是班上最優秀的，您總要給我挑毛病。說我這也做得不到位，那也沒有達標。我好像從來沒有得到過您的誇獎。包括現在，我覺得我已經做得很好了，可您總認為我做得不夠。每次我達成了一個目標。您馬上又會丟擲另一個目標，像給我塑造了一個不斷上升的梯子。我只能看到眼前的臺階，不會去想更高的臺階。每當我踏上一級

臺階，您就會給我指明下一級臺階。我雖然非常感激您，但還是會有點鬱悶。」

她還年輕，不知道計劃和目標的重要性。

說回正題，雖然資源匱乏，但是依靠合理的計劃和資源配置，在自己的有生之年實現階層的小幅度的跨越並不是難事。

金錢和時間對窮人來說通常非常缺乏。資源的缺乏導致如何分配這些資源的問題占據了一個人的大量精力，從而處理其他事情的能力就會下降。

想要解決這些問題就需要多做計劃，針對自己缺少的金錢和時間做一個計劃出來。同時就如前面說過的，做的計劃也要根據情況不同及時做出調整，不斷進行優化。

一個合理的計劃能夠讓自己的做事效率大大提升。

我們再去看之前提到的吃西餐案例。當時我們所能做的最好的解決方法就是直接承認自己沒有吃過西餐，詢問別人是使用餐具的。但是從另一種角度來考慮這個問題，如果你已經提前知道了朋友會邀請自己吃西餐，那麼為什麼不事先上網了解清楚相關的事情，或者自己提前去西餐廳體驗一次呢？做任何事情之前提前計劃，然後做好準備工作都是非常必要的，特別是在你資源匱乏的情況下。

● 金錢和時間的機會成本：學會縱觀全域性

窮人很容易過分地重視沉沒成本，而忽視了機會成本。

沉沒成本：我們決策時不應該受到沉沒成本的影響

沉沒成本指的是自己已經付出的時間和金錢。經濟學上認為你的決策不應該受到沉沒成本的影響。

我們可以透過簡單的例子來了解沉沒成本。

一個人想要學習拳擊，所以在健身房購買了拳擊課程。結果剛上了兩節課就受了傷，一運動手臂就疼。但是這個人心裡想，我已經支付了拳擊課的費用，如果不去那錢就浪費了，所以他堅持去練習。最終因為受傷加重而不得不住院治療。

我曾經聽過這樣一件事情，一位老太太發現自己之前存放的食品已經超過了保固期，但是因為心疼錢，不捨得扔掉，就全部吃了，最後導致要去醫院洗胃，花的錢遠多於購買食品的錢。

不要因為自己之前付出了時間或者精力就對一件事情執著。考慮是否放棄一件事情應該是基於未來的發展情況，而不是過去的付出，如果這件事情注定在未來也不會有好的前景，那麼就應該立刻放棄。

機會成本：學會縱觀全域性的重要性

機會成本指的是在你面前有幾個選項，當你從中選擇了一

項時，其他被你放棄的選項當中收益最高的一項就是你付出的機會成本。

比如，選擇 A 方法賺 100 元，選擇 B 方法賺 1,000 元，選擇 C 方法賺 500 元。你選擇了 C，那麼你的機會成本就是 1,000 元。

機會成本告訴我們要學會縱觀全域性，將自己可以選擇的選項全部看一遍，明白自己在選擇一項的同時放棄了什麼。

很多人在上學期間就想賺錢，大部分時間和精力都放在去街頭做發單員之類的勞動上，沒有多餘的時間用來學習或者鍛鍊自己的技能。從機會成本上來說，發傳單等類似的工作的收益實際是負的。

還有一些必要的花費也不能省。一對中國夫婦去美國旅遊，在途中出了交通事故，因為他們沒有購買幾百塊錢的旅遊保險，所以鉅額的醫療費用要他們自己支付。

在旅遊出發前他們沒有選擇花費幾百塊錢購買保險，看上去是省了錢，但是在旅遊途中出了事故，他們所花費的則是上百萬元，這就是他們付出的機會成本。

節儉是一種美德，但是要學會做好財務規劃，並不是每一筆錢都可以節儉，當你省下了一些不應該省的錢，那麼你就有可能會為此付出高昂的機會成本。

對於重大問題的選擇要謹慎，因為這些問題帶來的機會成本可能會非常高，所以不允許你做出錯誤的選擇。這時你應該

寧可多花金錢，多花費時間，也要收集足夠多的資訊，盡一切可能避免付出機會成本。實際上經常有人在一些小事上斤斤計較，而面對重要事情卻草草決定，這是非常不明智的行為。

另一方面，人在事業的道路上總會遇到很多發展方向，讓人不知如何選擇，每一種都想嘗試，導致精力被極大地分散，最終沒有一件事情能做好。這就需要從全域性來考慮機會成本，科學地進行分析，然後將自己的精力放在從長遠來看收益最高的事情上。

● 從現在開始，成為你想成為的人

這個世界上，最令人著迷的故事就是關於王者歸來的故事，類似於魔戒，也類似於孫悟空在煉丹爐裡燒了 49 天，出來以後練就了金剛不壞之身和火眼金睛，從此披荊斬棘、所向披靡。

這些美好的故事給了平凡的人們奮發向上的動力和美好的期望。

每個人都嚮往成為英雄，但是，如果有機會，我卻不願意踏進那個三昧真火燃燒的煉丹爐。

我清楚地知道，進入裡面意味著日復一日地煎熬、疼痛和絕望。在裡面的每一刻都會很痛苦，而且我也沒有未卜先知的技能，我不能預知這折磨將什麼時候結束。

不知道折磨什麼時候結束，才是最可怕的。正如我們的人生，你不知道什麼時候才能脫離困境，也不知道什麼時候自己

的努力可以帶來成功。

可能是明天，可能是明年，也可能是永遠。

但是，如果你不嘗試，不付出，它就一定不會來。

少有人走的路才是真正的捷徑

在這個世界上，大多數人想走捷徑，想要一步登天、改頭換面、衣錦還鄉！

但是，那並不是捷徑，那只是幻想和陷阱。

少有人走的路，才是真正的捷徑。你想要成功，只能付出汗水和淚水；你想要成為學霸，只能在一個個日夜低頭苦讀；你想要升職加薪，只能在無禮的客戶面前打哈哈，然後在一個又一個夕陽沉下去的傍晚留在公司裡加班。

每個平民的成功背後，都是他的汗水和淚水、憤怒和失望、傷心和懊悔，都是無數個不眠之夜，無數次萬箭穿心。

成功還意味著失去和放棄：你要放棄的東西很多很多。

你可能得放棄很多東西，包括睡覺的權利、和別人建立發展友誼的機會、和戀人看電影的機會等等。

最重要的是：你可能要放棄自己的安全感，然後尋求突破和發展。

每個人都有停留在自己安全地帶的本能，所以放棄安全感往往是最讓你感到痛苦的。因為人類的太多正面感受，比如說快樂、愛、享受、舒適，都建立在擁有安全感的基礎上。

但是尋求發展，永遠是先苦後甜的事情。做好充足的心理準備，然後去做，這才是唯一的捷徑。

想要贏？就拿血和淚來換。

想要透過英語的各種考試？從背 3,000 個單字開始。

想要強身健體？每天跑 4,000 公尺，今天就開始。

想要找個美麗可愛的女朋友？現在就提升自己，以配得上她們。

不要等待「以後」，等待「畢業」，等待「這個工作做完」。

現在的時機就是最好的時機，錯過將永不再來。

說起來可能會讓你感到殘酷，不過人生的奧祕正是藏在這些殘酷的現實中，只有穿越很多很多的黑暗，才能看到真正的光明。

在走的路上，不要執迷於選擇，不要害怕自己選擇錯誤。因為沒有一條路是絕對正確的，每條路都有利有弊。

你現在看不到光明，只是你走得還不夠遠。

現在就行動起來！

理想的人生是使命必達：所有的行動都能按照計劃完成。

你確實做不到這樣，其實也是人生當中的一個障礙。我們對於自己今天想要完成的事情總是過高猜想，而對我們一年內能做完的事情總是低估。所以無論你想要做什麼，請立刻用筆寫下來。

　　將自己想做的事情寫下來只用花費你五分鐘時間，你可以假設寫字的筆是有魔力的，你寫下來的事情都會實現，然後將你一個月的目標、一年的目標、三年的目標、一生的目標寫下來。

　　花費五分鐘寫下目標，再用一分鐘將四個目標當中共同包含的一個目標標記出來，這個目標將會讓你的生活發生重大的變化。之後用五分鐘時間將你要完成這個目標的計劃寫下來，將這些計劃列入你日常需要做的事情當中。每天按照計劃進行，先做能夠讓你距離目標更進一步的任務，立刻去做，這樣你就可以一步步地完成自己的人生目標。

　　每天你需要做的第一件事就是完成能夠幫助你實現人生目標的任務，當你明白了這一點，你就是在為自己的人生目標而奮鬥了。人生目標並不是遙不可及，萬丈高樓起於平地，立刻行動起來，不要拖到明天。

　　只有今天就開始行動，你才能完成自己的人生目標。若干年後，當你回首往事，你會發現自己的每一天都在朝著人生目標邁進，人生目標貫穿在你的整個生活當中。

　　也許你在想人生目標太過遙遠，需要時間過長，沒有必要急於一時。扔掉這種想法吧，立刻就開始執行自己的計劃，不要再拖延。拖延的後果是若干年後你會發現自己還在原地踏步，如果自己從若干年前就開始向人生目標前進，可能現在已經實現目標了。

當你真正開始執行你的計劃時，你不會再為出去逛街而產生負罪感，你可以心情愉快地同朋友一起出去聚會，因為你知道，聚會回來你會繼續投入到自己的工作中；你也不會因為一時的懶散而產生負疚感，因為你知道自己只是短暫地休息，明天還會繼續踏上征途。

最重要的是，你不用再擔心明天會怎樣，因為你已經在為明天做準備。但是這一切都建立在一個條件之上：立刻行動起來，去實現你的人生目標。

學會把握當下

不要更早，也不要更晚，只有當下最為重要。你也只有當下。

你的每個計劃，你的每個想法，你的每個願望，都要立刻去實施。

你不可能改變過去的事情，你也不可能現在就做未來的事情，你能夠控制的只有今天，只有此時此刻，你能夠利用的也只有今天。

不管你未來的人生藍圖是什麼，都要馬上開始做。無論是從做計劃開始，還是從開始「做出合適計劃」的計劃開始。

現在、馬上、立刻開始去做。

我們花了太多時間緬懷過去，大多數 20 多歲的年輕人，剛剛畢業就開始回憶大學時的青澀時光，感嘆自己老了；到了 30

歲，又開始懷念 20 歲的青春；到了 40 歲，又開始懷念 30 歲的年輕活力⋯⋯以此類推，他們從未覺得此刻的時光，就是最好的時光。

此刻的年齡，就是最好的年齡。

別再想過去，過去的就讓它過去吧。回憶過去這件事，等你 80 歲再做也不遲。

看著腳下，繼續前進，才是獲得人生幸福的最終法則。

電子書購買

爽讀 APP

國家圖書館出版品預行編目資料

做異！選擇不同，成為你想成為的真實自我：審視內在、面對問題、告別悲傷，在生活的每一步中找到「自己」 / 蔣家容 著 . -- 第一版 . -- 臺北市：崧燁文化事業有限公司 , 2024.03
面； 公分
POD 版
ISBN 978-626-394-031-4(平裝)
1.CST: 自我實現 2.CST: 自我肯定
177.2　　113001541

做異！選擇不同，成為你想成為的真實自我：審視內在、面對問題、告別悲傷，在生活的每一步中找到「自己」

臉書

作　　者：蔣家容
發 行 人：黃振庭
出 版 者：崧燁文化事業有限公司
發 行 者：崧燁文化事業有限公司
E - m a i l：sonbookservice@gmail.com
粉 絲 頁：https://www.facebook.com/sonbookss/
網　　址：https://sonbook.net/
地　　址：台北市中正區重慶南路一段六十一號八樓 815 室
Rm. 815, 8F., No.61, Sec. 1, Chongqing S. Rd., Zhongzheng Dist., Taipei City 100, Taiwan
電　　話：(02) 2370-3310　　傳　　真：(02) 2388-1990
印　　刷：京峯數位服務有限公司
律師顧問：廣華律師事務所 張珮琦律師

定　　價：350 元
發行日期：2024 年 03 月第一版
◎本書以 POD 印製